JN025288

アウトプットする力（チカラ）

「話す」「書く」
「発信する」
が劇的に
成長する
85の方法

齋藤 孝
明治大学文学部教授

ダイヤモンド社

成果を出している人って、
どんなことをしていると思う?

うーん。本をたくさん読む?
仲間を増やすとか?

実は、身につけたばかりの
知識をすぐに発信すること。
これをアウトプットと言うんだ。
理想は「インプット1:アウトプット9」
の割合なんだよ。

へえ〜。言われてみれば、
逆に「インプット9：アウトプット1」
だったかもしれないな。

この本では、今日からできる
アウトプット上達法を
たくさん紹介しますね。

アウトプットする力が身につくと、
楽しいかも。みんなも一緒に
1つずつやってみよう！

　本やインターネットからたくさんの知識をインプット、文化や芸術にも精通し、豊かな教養を身につけている。なのに、それをまったく活かしきれていない……。

　インプットしただけで、なんとなく満足。それを発信したり、何かの成果に結びつけたりする意識が足りないのでしょう。なんて、もったいないことでしょうか。

　かつて知識豊富な人は、"歩く百科事典"などと尊敬されていました。しかし、いまやスマホ片手にネット検索すれば、いつでもどこでも簡単に正確な知識が得られる時代です。

　単に知識が豊富なだけでは、たいした価値を生まないようになっています。

　大切なのは、その知識と知識をかけ合わせて、新しい何かを生み出すこと。そのためには、インプットした知識を、どんどん発信していくことで"気づき"を得ることが大切です。

　知識をただ溜め込むだけでなく、発信しているうちに、そこから新たな発想がふと生まれるのです。

　広く深く物事を知っているというだけでなく、普段の会話やSNSで豊富な話題を提供し、多くの人を感心させている。こんな、インプットとアウトプットの両面に優れた人は、いかにも「できる人」という感じがします。

　そんな人になるのは、多くの人にとって理想といえるでしょう。

　では、インプットとアウトプットを同時に増やしていくには、どうしたらいいのでしょうか?

その答えは、思い切って"アウトプット優先"にシフトしてみることなのです。本書で私が提案したいのは、「インプット1：アウトプット9」の割合を目指すことです。

私はかつてインプットとアウトプットのバランスを見失った時期がありました。

東京大学の大学院時代、研究者になろうと力みすぎたせいで、ひたすらインプットに明け暮れたあげく、2年近くアウトプットらしいアウトプットができなくなっていたのです。

そんなとき、私は思い切って発想を転換することにしました。

膨大なインプットの中からアウトプットすべきものを選ぶのではなく、アウトプット（研究者にとっては論文を書くこと）を前提として、そのために必要なインプットをするという方向に、ベクトルを180度転換したのです。

その結果、それまでの2年間で1本も書けなかった論文が、1年で6本も書けるようになりました。

それ以降というもの、当時の反省を心に刻みつつ、ひたすらアウトプットありきの勉強、仕事でもアウトプット中心のスタイルを心がけてきました。

この"アウトプット優先主義"は、「攻撃は最大の防御」というスタンスにも通じます。

アウトプット（攻撃）を優先すれば、必要に応じてインプット（防御）は補われます。しかし、インプット（防御）に特化していたら、アウトプット（攻撃）がおろそかになります。

私はサッカー観戦が大好きですが、延々とパス回しを繰り返してばかりで、一向にゴールを目指さない試合は観ていて退屈です。まずゴールを目指してシュート（アウトプット）を打つという積極的なプレースタイルを身につけるべきだと思うのです。

　特に変化の激しい現代は短期的な結果が求められる時代でもありますから、今すぐにでもアウトプット優先主義に切り替えてみることを強くおすすめしたいです。

　幸いなことに今、私たちにはアウトプットの機会が身の回りにたくさんあります。

　私が学問の世界に足を踏み入れた40年ほど前には、アウトプットの機会は皆無に等しい状況でした。

　苦労して“手書き”で論文を書いても、多くの人には読まれませんでした。たまたま活字に印刷されることがあっても、せいぜい数人の知人が読むだけ。まさにアウトプット冬の時代だったのです。

　ところが、いまや時代は大きく変わりました。

　戦前（1938年）創刊の岩波新書に始まった新書本1つとってみても、かつては「著名な学者が一般向けに啓蒙書を書く」というメディアだったものが、今ではレーベルの数もかなり増えて、ブロガーやYouTuberといった新たな書き手もどんどん参入するようになっています。

　そもそも、「本や雑誌に原稿が載る人＝プロ」という基準は、もはや無意味です。冷静に考えて、1万部売れた本の書き手より、ゆうに100万人以上が閲覧するYouTuberのほうが、“インフルエンサー”としてはるかに社会的影響力を持っています。

学者や作家という肩書きが運転免許だとすれば、以前は免許なしに公道を走行することは許されませんでした。ところがいまや、運転さえできれば誰でもハンドルを握ることが許される時代になっています。

　しかも、多少運転がぎこちなくても許されますし、むしろそれが持ち味となって評価されています。

　もはや、「誰もが表現のプロになれる」ということです。

　自分が書いた短編小説をSNSで発信し、「私は小説家です」と名乗れば、その瞬間から小説家になることができます。それでいいのです。

　しかも、印刷物と違って、小説を発表した瞬間からインターネットで全世界からアクセス可能になります。

　まずは、いかに自分がアウトプットの機会に恵まれているかを自覚していただきたいと思います。そして、その恵まれた境遇を活かして、とにかく積極的にアウトプットにチャレンジしてみましょう。

　本書では、「話す」「書く」「発信する」というアウトプットをするにあたってのテクニックと、SNS全盛時代に踏まえておきたい心得をふんだんに紹介します。

　ぜひ、読んだだけで終わりにせず、明日からとはいわず、今日からアウトプットのスイッチを入れてみましょう。アウトプットこそ、自分の力になります。

　みなさんが日本の文化の担い手として、たくさんの優れたアウトプットをするようになることを心から願っています。

目次

第3章 / 話すアウトプットの基本ワザ

第4章 / 書くアウトプットで自分力を高める

第5章／アイデアがどんどんわいてくるアウトプット術

第6章／ひとつ上の心を揺さぶるアウトプット

第7章／毎日できるアウトプット勉強法

第8章／自分をブランド化するアウトプット

第 **1** 章

アウトプットを
想定した
インプットをしよう

1 | アウトプットは練りに練った1本より「数」で勝負しよう

　本やネットの情報を日々インプットして十分な知識があるのに、上手にアウトプットできない人はとても多いです。

　そういう人は、本当はしっかり自分の考えを持っていたとしても、「全然考えていない」と誤解されがちで、多くが過小評価に甘んじています。本当にもったいないことです。

　そもそも日本人には、話すことにも書くことにも苦手意識を持つ人が多く、「インプット過多でアウトプット不足」の人がとても多いと感じます。

　その原因は、言われてみれば当たり前なのになかなか克服できない3つのことです。アウトプットに苦手意識を持つ人は、この3つのことをあらためて認識するところから始めましょう。

　1つ目は、遠慮しがちなメンタリティです。
「みんなの前で堂々と意見を主張するなんておこがましい」
「それほど自分は実力のある人間ではない」

　よく言えば日本人らしい「謙遜」のあらわれなのですが、悪く言えば「押し出し」に欠けています。

　私が講演をしたあとに「感想でも質問でもいいので、ぜひ発言してください」と差し向けると、会場全体がシーンとすることがよくあります。

　そうやって全体に対して挙手を求めると萎縮してしまうのですが、こちらから個別に指名して意見を求めると、案外きちんとした意見が出てきます。

要するに、ただ遠慮をしているだけなのです。

謙虚は美徳の１つですが、あまりにも自信のなさそうな振る舞いや、言いよどむような態度は、頼りなさそうな印象を与えます。

周りの人はもどかしく感じますし、「早く言ったらどうなの！」とイライラすることさえあります。

理由の2つ目は、恐怖心です。

遠慮する気持ちの裏側には、間違うことへの恐怖心もあります。「間違えたくない」という気持ちが強いと、発言するときにブレーキがかかってしまうのです。

「間違うくらいなら、発言しないほうが無難だ」という心理も働きがちです。

そもそも発言することに正解も不正解もありません。どんな意見もアリなのですが、学生時代のペーパーテストで唯一絶対の正答を求められてきた影響が大きいのかもしれません。

もちろん、正しい情報を発信することは大切ですが、それがアウトプットにブレーキをかけてしまうのは困りものです。

アウトプット不足になる3つ目の理由は、根本的にアウトプットする心構えができていないということです。

「話す」「書く」「発信する」というアウトプットを想定したインプットができていない人が多いのです。

小学校から大学生になるまで、アウトプットを求められるのは、テストや入試の面接のときくらい。限られた場で結果を出せば、とりあえず評価されるので、普段の授業中から「今学んだことを自分でアウトプットする」という心構えが養われていないのです。

学生時代ならそれでもなんとかなりますが、社会人になるとそうはいきません。

　社会人はつねに成果に結びつくアウトプットが要求されますし、そのアウトプットの質が、そのまま評価につながります。

　ちょっとしたミーティングでも、成果に結びつく何かを発信しなければなりません。

　そうした競争力をつけておくためにも、普段から意識的にアウトプットの「量」を増やしておくことが肝心です。

　練りに練ったアウトプットを1つするというよりも、思いついたことを次々とアウトプットする。

　何が成果に結びつくかわからない不確実なこの時代、練りに練った1つの案がクリーンヒットするとは限りません。

　アウトプットの数こそが、競争力の源泉になる時代なのです。

　アウトプットすることで、インプットした情報が脳の記憶に定着しやすくなりますし、何よりアウトプットすることに慣れれば、アウトプットがますます楽しくなってくるという好循環が生まれます。

　その好循環が即、競争力に直結するのです。

　アウトプットが苦手な人は損をします。逆にいえば、多少知識に欠けていても、アウトプットできる人のほうが断然得をします。

　まずは、このことをしっかりと胸に刻みましょう！

○　とにかく積極的に話したり書いたりして「数」をこなす

×　遠慮したり怖がったりして発言しないで黙っている

2 │ 「知の回転力」を意識しよう

「齋藤先生は、どうしてあんなにたくさんの本を書くことができるんですか?」

私は、そんな質問をいただくことがよくあります。たしかに、これまで700冊ほど本を書いてきましたから、自分でもアウトプットの量が多いほうだと思います。

では、なぜそんなに大量のアウトプットができるのか?

多くの人は「インプットの量がすごいから」と思うかもしれません。巨大な油田があって、そこに埋蔵された原油を産出し続けているようなイメージですね。

でも、私としては知識のストック量よりも、回転スピードのほうが重要だと考えています。「知識を出しては入れる」という回転力こそ大事なのです。

たとえるなら、お客さんが多くて混雑しているコンビニが近いかもしれません。

以前テレビで、東京駅構内のコンビニに密着したドキュメンタリー番組を観ました。

そのコンビニでは、深夜のうちに、おにぎりやパン、お弁当を陳列して開店に備えるのですが、開店直後から出張族のサラリーマンや行楽客などが次々と押し寄せ、あっという間に陳列棚から商品が消えます。

そのため商品をこまめに補充していくのですが、お客さんも終日とぎれることなく大勢来店します。

稀に商品棚の裏側からおにぎりを補充するスタッフの手に、おにぎりをとろうとするお客さんの手が触れてしまい、お客さんがビックリすることがあるともいいます。

**　忙しいコンビニの目まぐるしい商品回転のように、自分の中に知識が入ったそばから出していく。あるいは、知識を出すために大急ぎで仕入れる。こうした「知の回転力」を高める感覚を身につけることがポイントです。**

　多くの人は、この知識を回転させるという意識が不足しているのではないでしょうか。

　コンビニにたとえれば、陳列された商品が売れないまま、うっすらホコリをかぶっているような状態です。

　これでは、さらに商品（知識）を補充しようとしても並べられませんし、そもそも意欲が損なわれます。

　そこで回転重視に意識を切り替え、陳列する商品（知識）自体は少なくても、とにかくお客さんに手渡す（アウトプットする）こと

お客さんがとても多いコンビニの商品回転≒知の回転力

に力を入れます。

　売り切ってしまえば、商品の補充にも力が入ります。陳列した商品が次々にはけていくとなると、商売そのものが楽しくなってくるでしょう。

　理想とするのは、まさにこの状態です。つまり、とにかくアウトプットを優先するということが大前提なのです。

　アウトプットを優先させると、必要に迫られて適切にインプットするようになってきます。

　少ない知識であっても、人に話すとスッキリしますし、スッキリすると、別の知識を仕入れて、もっと話したいと思うようになるものです。

　さて、ここで一度立ち止まって、自分のことを振り返ってみましょう。

　あなたの知識はちゃんと回転していますか？

　ホコリをかぶっていませんか？

　もしかすると、仕入れたまま10年くらい放置している知識があるかもしれません。それは、もはや使える知識とはいえません。

　使える知識という点では、今仕入れたばかりの知識がもっとも適しています。

　学者の世界では、20年前、あるいは30年前に仕込んだ知識が後になって生きるというケースはあります。

　でも、一般的には仕入れたばかりの知識のほうが新鮮であり、関心を持ってもらいやすいのです。

　ですから、まずは「知の回転力」を身につける方向にシフトしていきましょう。

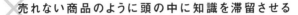

〇 仕入れた知識は話したり書いたりして回転させる

✕ 売れない商品のように頭の中に知識を滞留させる

3 | アウトプットするために インプットしよう

　知の回転力を高めるには、アウトプットを前提にすることが肝心です。

　「人に話す」「SNSで発信する」などのアウトプットをするためにインプットしようと心がけるのです。するとインプットとアウトプット、両方の力が高まります。

　私は、数百人の聴衆を前に講演をする機会がよくあります。講演をするからには、聴衆との間に、せめて10倍以上の知識の差がなければなりません。

　あるテーマについて、聴き手のほうが本を1、2冊読んだことがあるとしたら、話し手のほうは最低20冊は読破しておくイメージです。

　そんなわけで、講演の2日前から集中的にインプットをするのですが、特定のテーマについて一気に20冊近くの本を読むと、もうそれについて語りたくてたまらなくなります。

　その熱意が沸点に達したタイミングで演台に立つので、もう自信満々なのです。

　自分の知識にかけあわせて、読んだばかりの内容について話す

わけですから、読書から得た感動をリアルに再現できます。

　必然的に、聴き手に面白がってもらいやすいのです。

　もちろん、ただ20冊の本を読んだだけで、面白い話ができるわけではありません。

　そこには、20冊の知識を上手に取捨選択し、起伏のあるストーリーに仕立て直すテクニックがあります（これについては本書でのちほど詳しく説明していきますね）。

　私は普段から「知の回転」を強く意識し、アウトプットの練習を繰り返しているので、そのテクニックが身についているというだけ。要するに、普段から「人前で面白く話す」ということを念頭に置いて、本を読んだりネットを見たりしてインプットしているのです。

　人前で話したりSNSで発信したりするという前提がないまま、漫然と読書をしたとしても何も困りません。それはそれで1つの楽しみ方ではありますが、結果として、数日、数週間も経てば、どんな内容が書いてあったのか、ほとんど忘れてしまいます。

アウトプットするためにインプットすると、もう自信満々で面白い話ができる！

この繰り返しは、非常にもったいないことなのです。

　反対に、アウトプットを前提にすると、インプットの質は高まります。

　たとえば、本を読みながら「この表現ってインパクトあるな」という一文に赤線を引いたり、「これは基本として押さえておきたい情報だな」という箇所に青線を引く。

　あるいは、「これはジョークとして使えそうだな」という箇所に緑の線を引いたりして、使い道を想定しながらチェックしていくわけです。

**　アウトプットを前提にすると、より真剣にインプットをするようになる。これは、試験（アウトプット）を前に一夜漬けで勉強（インプット）をした経験のある人なら、誰しも同意できるはずです。**

　でも、よく考えてみてください。試験直前になって初めて本気を出す人は、いったい授業中は何をしていたのだという話になりませんか?

　普段の授業でしっかりアウトプットを意識したインプットができていれば、試験前になってからそれほど慌てる必要はないはず。ですから、普段からアウトプットを前提にすることが有効なのです。

○ 人に話したりSNSに投稿したりすることを前提に情報を得る

✕ ただ漫然と情報を追って読んだり聞いたりしているだけ

4 | 能や落語にアウトプットの 真髄を学ぼう

「アウトプットするためのインプット」で思い出すのは、芸事の修行です。

私たちは寄席で落語を聞くとき、「うまいな」「面白いな」などと思いながら、純粋に噺を楽しんでいます。これは完全に受け身の状態です。

仮に一席終わったあと、突然名指しされて「今聞いた噺を全部繰り返してみてください」と言われたらどうでしょうか?

もちろん、「そんなのムリ!」と思いますよね。

でも、落語家さんの世界では、師匠が弟子に教えるとき、同じ噺を1回か2回しか実演してくれないのだそうです。

今はCDやDVD、インターネットもありますから、師匠の高座を自宅でチェックできる環境はそろっています。しかし、昔はそういったツールがありませんでしたから、落語家さんたちは稽古の場で噺を覚えるしかありませんでした。

1回か2回で覚えて再現できないことには、落語家失格となってしまいます。当然、相当に集中力を高めて稽古に臨んでいたことでしょう。

似たような話を、能の先生からもうかがったことがあります。

その先生の修行時代はテキストのようなものはなく、師匠が実演した節まわしを完全に覚えなければならなかったそうです。

しかも1曲や2曲ではなく、何十曲も覚える必要があったのだそうです。

多くの芸事がこのようにして継承されてきた歴史を考えると、きっとそこには合理的な理由があったのではないかと思います。

「だらだらとインプットを続けるより、1回や2回で集中して覚え、あとはひたすらアウトプットを繰り返したほうが上達しやすい」

　長年の経験則からこうした暗黙知が共有され、ベストな稽古法が確立されたのではないでしょうか。

　そういえば、かつて私は奇跡のような記憶力が発揮された場に居合わせたことがあります。

　中学校に入学したばかりのこと。音楽の先生が、最初の授業で音楽の理論についてひとしきり話したあと、こう言いました。

「じゃあ、今聞いた内容を、自分が先生になったつもりでもう一度繰り返してみなさい」

　一瞬、体がこわばったことを記憶しています。

　授業は真剣に聞いていたつもりですが、同じように再現できるかというと、まるで自信がありません。しかも、先生はライオンのように怖い風貌をしていました（本当はとても優しい先生だったのですが、第一印象はとにかく怖かったのです）。

　こうした状況でたまたま指名された男子生徒が、とんでもないパフォーマンスを発揮しました。彼は、先生の授業をものの見事に、寸分の狂いもなく再現してみせたのです。

　これには、私を含む周りの生徒たちはもちろん、先生自身も驚いていました。この出来事に刺激を受けた私たちは、次の授業からより真剣に臨むようになりました。

**　人にはもともと、インプットした情報をアウトプットする能力が備わっています。その能力を発揮させるのは、才能やセンスのあ**

るなし以前に「真剣かどうか」です。もっと"緊張感"を持って、アウトプットを意識したインプットをすべきなのです。

○ 1回で覚えて再現できるくらい集中して見聞きする

✕ 人の話を緊張感なく惰性で聞いている

5 | ツッコミを入れながら インプットしよう

「優れた文学は読むだけで、そのすごさがわかる」と言われます。たしかにそうかもしれませんが、ちょっと反論したい気持ちもあります。

受け身で本を読む行為は、少し厳しい言い方をすれば、自分の知性をアクティブに働かせていないということ。本当の意味で、作品を深く味わっているとはいえません。

もっと能動的に、3色ボールペンで線を引きつつ（96ページ参照）、本と対話しながら読み進めることをおすすめします。

たとえば、小説を読んでいて「大の大人が、その程度のことで落ち込むわけないだろ！」とツッコミを入れる。あるいは「あのとき登場した人が、まさかこのシーンでも登場するとは！ なるほど、さすが！」と感心する。

または、ビジネス書を読んでいて「えっ!? そんな方法で問題を解決するの？ 斬新すぎる！」と驚く。

こうして本と対話するだけで、読書の味わいが一段と濃いもの

になるのです。

　さらに一歩踏み込んで、「これはどう使えるか?」とアウトプットを意識しながら読んだらどうでしょう。

「こんなセリフを聞いたら、誰だってやる気になるよね。会社の後輩に対しても使えそう」

「こういう根まわしの仕方って賢いな。会社で企画を通すときにも応用できそう」

「こういう表現をすれば、体の動かし方がわかりやすいんだな」

　このように「実際に自分が使う」という当事者意識を持って読み進めると、書いた人のすごさが手にとるようにわかってきます。つまり、作者の立場で考えることができるようになるのです。

　私は、太宰治の作品を読むたびに、こんなふうにいちいち感心してしまいます。

「なんてうまいんだろう、この表現!」

「自分にはこんなふうに書けないな」

　それもこれも、自分がアウトプットするという前提で読んでいるからこそなのです。アウトプットを前提に読むと、作り手の苦労に共感できるようにもなります。

「自分はこんなふうに書けないな」と思いつつも、創作者として一段レベルアップできるのです。

○　本を読むときは実際に自分が使うことを想定する

✕　つねに受け身で本を読み、その場で感心するだけ

6 アウトプットをして ストレス解消しよう

アウトプットは精神衛生上も、大きなメリットがあります。アウトプットするだけでストレス解消になるからです。

私たちはつまらない映画や本に触れてガッカリすると、ストレスを感じます。その一方で「いいもの」に触れる経験も、ある種のストレスを生じさせます。

素晴らしい絵画や映画、優れた本やスポーツの試合といったものには、何かしらの緊張感がともない、それを観る人にも緊張感を強いるからです。

だから「最低なもの」もしくは「最高なもの」に触れたまま吐き出せない状態が続くと、なんとなくもどかしく、落ち着かない気持ちになります。

そのもどかしい緊張状態を解くベストの方法は、なんといっても語り合うことです。

スポーツバーやパブなどで、ビールなどを飲みながらみんなでスポーツ観戦をするのは、スポーツ鑑賞法として理にかなっています。

こういった場では、ワンプレーごとにお互いに感想をアウトプットし合います。

「おっ、行け行け！　やったー！」

「あーっ、何やってんだよ！　まったく」

「うまい！　やっぱりセンスあるなあ」

こんなふうに思ったことを口にしながら、誰もがストレスや緊張

感を解いて、気持ちを落ち着かせています。

　ひいきの選手やチームが勝利したときに、お互いに興奮を分かち合うのは、とてつもない快感です。

　反対に、どうしようもなく退屈なゲームを観たときに、やり場のない感情を吐き出す相手がいれば救われます。

「まったく、こんなふがいない試合をして恥ずかしくないのかな」
「ないよね、あれは。ひどすぎる」

　などと言いながらも、上手にストレスを解消しているのです。

　そう考えると、実はアウトプットは感情コントロールにも非常に有効だと考えられます。

　精神医学者の本を読むと、精神病を患っている人には、自分の話を他人に聴いてもらえない状況にある人が多いのだそうです。だから、カウンセラーと対面すると、一方的にしゃべりまくる人も多く、しゃべっているうちに精神が安定してくるケースが多々あるといいます。

　自分の気持ちを話すことができない、聞いてもらえない状態は、誰にとっても大きなストレスなのです。

　もちろん、読書は１人ですることですし、いつも友人とスポーツ観戦できるとも限りません。

　私も夜中にテレビでサッカー中継を観ることがよくありますが、近くにいる家人とサッカーの話で盛り上がるわけでもありません。

　そんなとき、私はインターネット実況のコメント欄をたくさん読むようにしています。コメントした人と語り合ったような気になってストレス解消になるのです。

　ネットのコメント欄には、テレビの解説者のコメントより共感で

きるコメントが載っていることもしばしばあります。というのも、テレビの解説者には元サッカー選手が多く、現役の選手に気を遣ったコメントをしがちなのに比べて、一般の視聴者の感想は正直だからです。

近くに語る相手がいない場合は、コメント欄に投稿したり、Twitterで実況したりするのもアリです。そうやってインプットと同時にアウトプットしながら、こまめにストレスを発散することが、上機嫌に生きるための知恵でもあります。

○ 映画やスポーツを観たあとは仲間と感想戦をする

× いつも1人で観て、何も発信しない

7 | 質より勇気で とにかく発言してみよう

優等生的な人の多くは、要約するスキルに長けています。さまざまな情報をわかりやすく、要約して伝えるのが上手です。

しかし、そんな人に限って「あなたの意見は?」「君のアイデアは?」と聞かれたとき、言葉に詰まりがちだったりします。

アウトプットするときに、情報を要約して伝える力は重要です。しかし、要約よりも重要で、クリエイティブなアウトプットがあります。それは「アイデア」です。

これからの時代に求められているのは、自分ならではのアイデア、つまりイノベーティブな発想力です。

そう考えると、職場の会議などで「誰かいいアイデアはないですか?」などと問われたときに沈黙してしまう人は、最も重要なアウトプットができていないことになります。

アイデアに正解も不正解もありません。何が成功するかは、誰にもわからないからです。とりあえずダメもとでアイデアをたくさん出してみることが肝心なのです。

アウトプットに「知」（知識の量や判断力）「仁」（優しさや真心）「勇」（勇気）の三要素があるとするなら、最も重要なのは「勇」。知識よりも、とにかく勇気です。

私は学生に4人1組になってもらい、ある課題について解決方法を出し続けるという課題を与えることがあります。1人が発言したら、次の人、また次の人……という具合に、延々と何巡も続けてもらいます。パスは許されず、その代わり、どんなにくだらない発言でもよしとします。

それを何度も繰り返していると、どうしようもなくくだらないアイデアも出てきます。それでも出し続けていると、みんな臆せず、くだらないアイデアでも堂々と口にするようになってきます。

そんな中から、ユニークかつ画期的なアイデアがふと飛び出したりするのです。その瞬間、思わず学生たちが「おー!」と拍手するような感動の場面も生まれます。

アウトプットは、質を気にしすぎると口に出す勇気が萎えてしまいます。特に日本人は「恥をかきたくない」というメンタリティが働きやすいので、つい可もなく不可もない"沈黙"を選びがちです。

しかし、こうした沈黙は自分を成長させる機会を自ら放棄しているともいえます。とても、もったいないことなのです。

下手でも、つまらなくても、とにかく口にしたり行動したりする勇気が、成長への近道です。

『徒然草』を書いた兼好法師も、能の修行をする人を例に挙げ、次のようなことを書いています。

「上手くなってから人に見せようと思っている人は駄目だ。下手なときから、恥をかいてもいいから、どんどん人に見せる。そういう人が上達するのだ」

アウトプットしない限りは、試されることがありません。本当の実力もわからないですし、改善の余地を見つけることもできません。だから、まずはとにかく勇気を持ってアウトプットすべきです。

そして、周りの人がアウトプットしたときには、上手いか下手かを一切問わず、勇気をたたえるようにしましょう。むしろ、下手なアウトプットをした人のほうが偉いとさえいえます。

歌が上手い人が人前に出るのは勇気がいりませんが、下手な人が人前で歌うのは勇気のある行為だからです。

一番大事！

大切なのは下手でもつまらなくても、
とにかくアウトプットしてみること

「アウトプットは質より勇気」。すべての日本人がアウトプットする勇気を持ったら、国全体の知的水準が一気に上がるはずです。

○ 恥じらうことなくアウトプット自体を目的化してみる

✕ 恥をかくことを恐れてアウトプットすることをためらう

8 | 純粋にアウトプットを楽しもう

　私が何度でも強調したいのは、アウトプットする行為は、とにかく「純粋に楽しい」ということです。

　アウトプットは、技術がどうこう以前に、するだけで生き生きしてくるところに魅力があります。つねにアウトプットしている人は、何か活気を感じさせるのです。

　逆に、たくさん勉強したり働いたりしているのに、なんだかドンヨリとした雰囲気をまとっている人もいます。

　私の学生時代にも、"図書館の主"のような人がいました。彼は読書してインプット量を増やせば増やすほど、なんだか覇気がなくなっていくように見えたのです。

　あるとき、そんな学生の1人を、仲間と行っている読書会に招いたことがありました。ドイツの哲学者であるハイデガーの本を原書で読むという読書会です。

　そこで発言をうながすと、その学生は一気にスイッチが入り、怒濤のように語り出しました。

今まで大量にインプットしてきた知識を思う存分吐き出したかのようだったのです。

　読書会に参加していた私たちにも、その人の頬がみるみる赤らみ、声にハリが出て、生気がみなぎってくる様子が手にとるように伝わってきました。
「あんなによどんで暗い顔をしていた人が、こんなにも生き生きと話すなんて!」
　そんなふうに思わされるほど、とにかくとても幸せそうに見えました。

　人は表現をしたときには、幸せ感を味わうことができる生き物なのです。
「何から話せばいいのかわからない」
「自分に話すことなんてあるのかな」
　そんな心配は一切無用です。

　ひとまず、難しいことを考えずに話していくうちに、頭の中が整理されて「気持ちよさ」を感じるはず。まずは、その快感を実体験してみるところから始めましょう。
　友人や家族に練習相手になってもらい、毎日たくさんアウトプットをしてみてください。
　支離滅裂な話になっても、いっこうに構いません。支離滅裂な話をしても温かい目で見てくれるのが友人であり、家族なのですから。
　人に話を聞いてもらうのが難しいなら、お風呂に入っているときに、湯船に浸かりながら1人でしゃべってみてもいいでしょう。

毎日続けていれば、確実にアウトプットのスキルは上がっていきます。ふとした瞬間に、自分のアウトプット力が向上していることに気がつくでしょう。

○ インプット→アウトプットでスッキリする！

✕ インプットばかりで吐き出すことがない

第 **2** 章

今すぐできる
アウトプットのコツ

井上陽水さんにアウトプットの極意を学ぼう

　この章では、アウトプットをするにあたっての基本的なコツを紹介していきます。

　まず意識していただきたいのは、「はじめに」でも触れた「インプット1：アウトプット9」というバランスのアウトプット優先主義です。

　このことを説明するときに私がいつも思い出すのは、歌手の井上陽水さんのエピソードです。

　井上陽水さんの作品に『ワカンナイ』というタイトルの曲があります。これは、宮沢賢治の有名な詩である「雨ニモマケズ」に対して「ワカンナイ」と語る、いわば現代人からのアンサーソングです。

　陽水さんの『ラインダンス』（新潮文庫）という歌詞集のあとがきに、この曲ができあがった経緯について作家・沢木耕太郎さんが触れている文章があります。

　あるとき、沢木さんに陽水さんから電話がかかってきて、「『雨ニモマケズ』ってどんな詩だったっけ」と聞かれたそうです。

　沢木さんは本屋さんを巡って詩集を探し出し、折り返し電話をかけ、詩の内容を読み上げました。しかし、陽水さんは、ふんふんとうなずきながら聞くだけ。電話越しながらも、メモを書き留めている様子が伝わってきませんでした。

　沢木さんは心配になって「書き留めなくてもいい?」と尋ねるのですが、陽水さんは「いいんだ」と返します。

さらに沢木さんが、詩を書き起こしたものを送ろうかと提案しても、陽水さんは「間に合わないからいい」と答えます。

　実は、この時点で陽水さんはレコーディングに入っており、その場で曲をつくらなければ間に合わない状況だったのです。

　資料を探そうにもインターネットがない時代ですから、友人の中で最も宮沢賢治の詩について知っていそうな沢木さんに電話をかけたわけです。

　電話口で詩を読み聞かせてもらっただけで、そこからのインスピレーションで1曲の歌詞を書き上げる。これは井上陽水という天才だからこそなせる技なのかもしれません。ただ、これが私たちにとって理想のアウトプットの姿であることは確かなのです。

あらかじめ入念に準備をせず、限られた時間の中でインプットをしたのち、すぐにアウトプットする。しかも、インプットした情報量より、アウトプットした情報量のほうが多くなっています。

　もちろん、逆に、たくさんインプットした中から、数少ない良質のアウトプットで名作が生まれるケースもあります。

　作家の司馬遼太郎さんは、1つの作品を執筆するにあたって大量の資料を集めたことでよく知られています。司馬さんが執筆するテーマの本が、古書店街からごっそり消えてしまったというエピソードが残っているくらいです。

　でも、時間的にも経済的にも、一般人が司馬さんのまねをするのは不可能。それなら、陽水さんのように少ないインプットで良質のアウトプットをしたほうがいいに決まっています。

　ともすると、私たちはインプット過多になりがちです。ちょっとインプットしたら、すかさずアウトプットするという身軽さを意識しましょう。

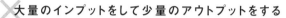

○ 何かをインプットしたらすぐにアウトプットしてみる

✕ 大量のインプットをして少量のアウトプットをする

10 | 「インプット1：アウトプット9」を実践してみよう

　おそらく、一般的な日本人のインプットとアウトプットの割合は、「インプット9：アウトプット1」くらいではないかと思います。

　気がつけばインプットばかりで、アウトプットは皆無という人もいるかもしれません。インプット過多の状況では、18ページでお話ししたような「知の回転力」を高めるのが困難となります。

　「知の回転力」を高めるには、思い切って「インプット1：アウトプット9」の割合くらいまで逆転させる必要があるのです。

　そのための練習方法の1つは、本を5～10ページ読んだら、その本について語ってみるというものです。

　これくらい小まめにアウトプットしてみることで、初めてアウトプット体質への切り替えが実現します。

　この練習をするときに、格好の材料となるのが「古典」です。

　たとえば、中国の儒教の祖とされる孔子と門弟たちの問答を記録した有名な古典『論語』。古典とか論語とかというと、なんだか小難しいイメージがあるかもしれませんが、読んでみるとそうでもありません。安心してください。

そもそも『論語』は、ごく短い文章の集まりです。自己啓発本のようなものでもあり、手にとってランダムにページをめくると、必ず「これはいいな」という言葉が見つかります。

その中で「自分が知られていないことを憂えるのではなく、自分が人を知らないことを憂えなさい」という言葉に目がとまったとします。

その言葉をもとに、自分が考えたことを整理して周りの人に話したり、SNSに投稿してみたりするのです。

「私も会社で全然評価されていない時期があって、そのときは他人を批判ばかりしていた。でも、今振り返ると、自分のことばかり考えていて、周りが見えてなかったと思うようになった」

「この俳優さんはヒットに恵まれない時期があったけど、腐らずに小さな仕事に全力で取り組んでいた。当時、私は○○という作品で彼を見て感動したのを覚えている。だから今の成功には納得するし、まだまだ大成する余地は十分にあると思う」

本を5〜10ページ読んだら、その本について小まめに語ってみよう

39

こんなふうに、孔子が語った 1 行程度の言葉に対して、何倍も
アウトプットしてみるのです。

　まさに「一を聞いて十を知る」ならぬ「一を聞いて十しゃべる」
です（「一を聞いて十を知る」も『論語』を出典としていることにお気づ
きでしょうか）。

　私も普段からよく学生に対して、『論語』の言葉をもとにエピ
ソードを話す訓練をしてもらっています。

　使いやすいのは、「己の欲せざる所は人に施す勿れ」（自分が
やられて嫌なことは人にするな）というフレーズ。このフレーズを
ベースにすると、ほとんどの学生が延々としゃべりまくります。

　孔子は、孔子の言葉を勉強しながら何 1 つ実践していない人
よりも、 1 つでも実践することに価値があると言い残した人です。

**　孔子の言葉を断片的にでも読んでアウトプットする行為は、1
つの立派な実践であり、孔子の教えにもかなっています。**

　そして、最終的に目指すべきは、「自分がやられて嫌なことは
人にするな」という教えを日ごろの生活で実践することです。

　言葉をアウトプットするだけでなく、実践できたら本当に価値
がありますし、アウトプット優先主義にもかなっています。

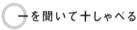
○ 一を聞いて十しゃべる
× 十を聞いて一もしゃべらない

11 | 名作『マクベス』から"こぼれるように"引用してみよう

『論語』に限らず、名著とされる古典は、アウトプットするための素材の宝庫です。

小説でいえば、ロシアの大文豪・ドストエフスキーの『罪と罰』や『カラマーゾフの兄弟』といった圧倒的な名作は外せないでしょう。こういった作品は、もうどのページに線を引いてもいいくらいに、"心のアンテナ"にひっかかる言葉が満載です。

ただし、『罪と罰』や『カラマーゾフの兄弟』は、かなりの長編小説ですから、いきなり長編はキツいという人には、「劇聖」とたたえられるシェイクスピアの戯曲『マクベス』をおすすめします。

シェイクスピアは、『ハムレット』『オセロー』『マクベス』『リア王』という「四大悲劇」を残していますが、その中でも『マクベス』は160ページくらいの薄い文庫本ですから、読了するのに1日もかからないと思います。

『マクベス』はシェイクスピアが手がけた多くの戯曲の中でも、完成度の高い作品の1つとされています。引用できるフレーズもたくさんあります。

しかも、世界中で認められている名作ですから、世界中のどこで引用しても通用します。言ってみれば"世界的教養のパスポート"のようなものです。

以前、ある企画で小学6年生に『マクベス』を読んでもらったことがありました。

小学生のうちにシェイクスピアを読んでおけば、もう生涯にわたって文化水準が保たれるといっても過言ではありません。みんな問題なく読破できましたし、「面白かった」と楽しんでいました。

　古典の名作からの引用は、一種のゲームのようなものです。あるシチュエーションに最も適した「セリフ」や「たとえ」を口にします。

　もし相手が引用元を知っていれば、面白がってもらえて、会話が知的に盛り上がります。俗な言い方をすれば、"シェイクスピアあるある"で盛り上がれるということです。

　たとえば、夫をそそのかす悪女の話題を聞いたとき、ひと言、こうつけ加えます。

「そんなことしていたら、マクベス夫人になっちゃうね」

　こういうセリフは"ドヤ顔"で教養をひけらかすように言うのではなく、つい教養がこぼれ落ちてしまったかのように、控えめに言うのがお作法です。

「そんなことしてたら、マクベス夫人になっちゃうね」

「え？　何それ?」

「あ、ごめんごめん。シェークスピアの『マクベス』って作品に出てくるマクベス夫人のことなんだけど、悪女の代表例とされているんだ。それはともかく、話の続きを聞かせてよ」

　教養はあくまでもさりげなくこぼれ落ちるもの、という原則を忘れないようにしてください（笑）。

○　古典のセリフやたとえをさりげなく雑談に入れてみる

✕　ドヤ顔で仕入れた教養をひけらかす

12 今流行っていることは迷わず 即体験しよう

もちろん古典以外にも、アウトプットのネタはたくさん転がって
います。

**とりあえず流行っている本や映画、音楽に関しては、流行って
いるタイミングですかさずインプットして、アウトプットに備えておく
べきです。**

映画『アナと雪の女王』が大ヒットしたとき、私はそれほど興
味を持ったわけではなかったのですが、さっそく映画館まで足を
運びました。

『シン・ゴジラ』が話題になったときも、『君の名は。』がブーム
になったときにも、映画館で鑑賞したのを覚えています。

**流行っているものには、何かしら流行っている理由があります。
とりあえずチェックしておいて損はありません。**

それに流行っているときには、みんながその話題で盛り上がっ
ています。たくさんの人が、その作品についての意見や感想を持
ち、お互いに語りたがっています。

言ってみれば、「場」がほどよく温まっているわけです。

そんなときにレビューサイトやSNSで感想をアップすれば、反
響を得られやすくなります。

そもそも、そうやってみんなが語り合っているからこそ、「そん
なにすごいなら私も観なければ!」とフォロワーが追随し、ますま
すヒットが加速するわけです。

街中で行列をつくっている飲食店を見つけると、とりあえず並

んで食べてみたくなる集団心理と同じことです。

　職場や取引先、友人との会話でも、ヒットしている作品は格好のトークテーマとなります。

「あの映画、観たんですが面白かったですよ」

「そうそう、あのラストシーンは衝撃でしたよね!」

「いやー、びっくりしましたよ」

　たわいない雑談でも、大いに盛り上がります。

　ところが、アウトプットのタイミングとして10年前のヒット映画では、なかなかこうはいきません。

「マイケル・ジャクソンの『THIS IS IT』を先週観ましたけど、素晴らしかったですよ」

「(今、その映画?)……あ、へー、そうなんですか…面白かったんですね……」

　相手もリアクションに困りますよね。

　私自身、似たような経験があります。スピルバーグ監督の映画『E.T.』を、大ヒットしている当時に見損ねたので、10年くらい経ってから鑑賞しました。

　さすがに名作だと思いましたが、いかんせん語る相手がいません。せっかく良質のインプットをしたのに、消化不良に終わってしまったのです。

　これが今流行っている映画であれば、たとえ話す相手がまだ観ていなくても、「私も観てみようかな!」と話に食いついてくれる可能性が高いです。

　今流行っているものについてポジティブに語ると、大きな共感が得られやすいです。

たとえば、サッカー日本代表の試合が終了した直後に、ネット
ニュースのコメント欄に感想をアップすると、場合によっては数万
という単位で「そう思う」といった賛同が寄せられたりします。

　言ってみれば超満員の東京ドームにつめかけた人から「よく
言った!」「鋭い!」などと賞賛されているのと一緒。これは、も
のすごく痛快な体験といえるでしょう。

　たくさんの人からもたらされる「そう思う」「いいね」という賛
同は、次のアウトプットに向けて自分の背中を押す力となり、好
循環が生まれます。

　だから、流行っているものについては、とにかくすぐに「イン
プット→アウトプット」するのがベストです。

◯　流行りものにとりあえず触れてみる

✕　流行りものに背を向けて斜に構える

13 | 強制的にアウトプットする機会を設定してみよう

　私が大学の教え子たちに課している課題の1つに、「毎週月曜
日の午前中にエッセイを提出する」というものがあります。

　エッセイとは、自分の意見や感想を自由に書いて表現する文
章のことです。

　週1回エッセイを書くには、何か題材となるネタを見つけなけ
ればなりません。たとえば、「面白かった本」や「友人が口にし

た一言」をもとに、エッセイを1本仕上げるという具合です。

　ただし、毎回本の話では飽きますし、友人も都合よく面白いことを話してくれるわけではありません。

　そこで、無理矢理にでもネタを見つけるために、「行動する」ようになります。ここが重要なポイントです。

　私は「エッセイに自分の撮った写真を1枚添えてください」と注文をつけています。

　そうすると、学生たちは「いい写真を撮りたい」「写真映えすることはなんだろう」と考えます。

　たとえば、日曜日に普段は行かない美術館へと足を運び、開催中の「ゴッホ展」を鑑賞。そこで鑑賞した絵の素晴らしさについて、自分なりの表現でエッセイにまとめ、授業で発表します。

　ときには、美術館をひと通り回ってみたけれど全然ピンとこない場合もあります。そのときは、どんな些細なことでもいいので、見つかるまで館内をもう1周します。

　そうしているうちに、みんなが注目していないマイナーな作品に注目したり、特定の絵に自分の妄想で吹き出しをつけて、大喜利みたいに面白いことを言ってみたりするようになります。

　とにかく、どうにかしてアウトプットをひねり出そうとすることが大事なのです。すると、そのエッセイを読んで触発を受けた人が「私も観に行ってみようかな」と考え、鑑賞チケットを購入したりします。

　そして翌週には、まったく別の観点から作品の感想を述べて、みんなに感動を与えたりします。そうやってアウトプットの輪が広がっていくこともあるのです。

アウトプットの機会があることで、「1週間を充実して生きなければいけない」「何か素敵な出会いがあるといい」という意識のスイッチが入ります。

本気になれば、どんな人でも、語るに足りる出来事に巡り会えます。そして、本気になるためにも、アウトプットの機会を先行してつくることが不可欠なのです。

○ アウトプットするために行動する
× 街を歩いていても情報キャッチのアンテナを
　 立てていない

14 | 「無茶ぶり」は 素直に引き受けてみよう

　会社の同僚や学校の友人から「無茶ぶり」されたときには、あれこれ言わず、覚悟を決めて潔くチャレンジしてみるといいです。

「はい、わかりました。やったことありませんが、やってみます!」
と腹をくくるのです。

　私はフジテレビのバラエティ番組『全力!脱力タイムズ』にレギュラー出演しているのですが、そこで今までにさまざまな無茶ぶりをされてきました。

「この説明を、アントニオ猪木さんのものまねでお願いします」
「次は、ルパン三世でお願いします」
「3回目はアドリブでものまねしてください」

プロの芸人さんでも、たじろぐような無茶ぶりです。もちろん、素人である私のものまねなど、1つも似るわけがありません。それでも、要求されたときには潔くやります。

　テニスプレイヤーの大坂なおみ選手が全豪オープンで優勝した直後、私がTBS『新・情報7daysニュースキャスター』に出演したときには、番組スタッフから「齋藤先生、テニスウェアを持ってきてください」という依頼を受けました。

　何かテニスにからんだ演出を想定していたのでしょう。私はウェアだけでなく、ラケットも一応持っていくことにしました。

　そうしたら本番直前、私がラケットを持っているのを目にした司会の安住紳一郎アナウンサーが、私にこう持ちかけてきました。「齋藤先生、せっかくなのでサーブを打ってみたらいかがですか?」

　安住アナは、彼が明大生だったときの私の教え子であり、私の

無茶ぶりされても腹をくくってチャレンジしてみよう!

テニス経験もよく知っています。しかし、大坂選手の快挙を前に、どうしてプロでもない私がサーブを打たなければならないのか？と正直なところ思いました。

「いや先生、今日はみんながテニスラケットを振りたがってる気分なんです。視聴者を代表して先生がラケットを振るということですよ」

そう言われたら、もう反論せずに従うだけです。

あとで聞いた話では、私がサーブを打ったシーンの瞬間視聴率が番組では近年最高の19％に達したとのことでした。

無茶ぶりに応じるかどうか悩むよりも、素直にのってみるほうがラクです。恥をかくといっても大したことはないのですから。

私は学生たちに「私は全国放送で恥をかいているんだから、教室で恥をかくくらいなんでもないですよ」と冗談交じりに言っています。

『徒然草』の中にも、「字が下手だから手紙を書くのはやめておこうというのはよくない。どんどん書けばいい。どんどんやったほうが上達する」という趣旨の文章があります。

恥ずかしいと思っているうちは、何事も上達しません。恐れることなく、勇気を持ってアウトプットすることが肝心なのです。

○ 無茶ぶりでも断らず、とにかく受け入れてみる

✕ ちょっとでも無理だと思ったら即、断ってしまう

15 | たった1つでも「実践」を続けよう

世の中には、「知りすぎると上手くいかない」「情報が少ないほうが実践しやすい」ということが多々あります。

知識が増えれば増えるほど、なぜかその知識を実践して活かすことを忘れてしまう傾向があるのです。

たとえば、ダイエット法をたくさん知っているのに、1つも実践していないケースは多いです。

「糖質制限ダイエットは知っているけど、やったことはない」

「ロングブレスダイエットがヒットしたのは知っているけど、まだ試していない」

一度でも実践してみるならまだしも「ただ知っている」どまりなのです。

一方で、少ない知識を得ただけで、実践し続けている人もいます。

黒柳徹子さんと対談した際、スクワットを毎日続けていると話されていました。

スクワットをすすめてくれたのは往年の名プロレスラー故・ジャイアント馬場さんだったそうです。

「1日スクワット100回と決めたら、必ず100回やってください。一度でも99回でOKにしてしまうと、次の日に100回に戻せなくなりますよ」

馬場さんからそう教えてもらい、毎日きっちり決められた回数のスクワットを継続しているそうなのです。黒柳さんがいつまでも元

気なのも納得です。

シンプルだけど「これだけはやっている」というものを持っている人は、健康でも勉強でも仕事でも、確実に成果を出しています。

インプットが少なくても、アウトプットが確実だから成果につながるというお手本です。

私自身、ヨガの先生から似たようなアドバイスを受けた思い出があります。

私がヨガに初めて接したのは、今から40年ほど前でした。日本でヨガはほとんど知られていなかった頃です。

ヨガのポーズは100くらいあります。覚えるだけでもひと苦労なのですが、私が通った教室の先生は、「ヨガの基本は呼吸です」という考えの持ち主でした。

あれこれポーズをとるよりも、「完全呼吸法」という基本を徹底すればいいと教えてくださいました。シンプルな基本を繰り返したおかげで、私は非常に長く息を吐く技術を習得できたのです。

本当に素晴らしい方法であれば、たった1つ知っているだけで十分です。

その1つの方法を毎日、何十年と続けることのほうに意味があります。

○ 1つだけでも知っている方法をひたすら実践する

× あれこれ知識はあるのに1つも実践していない

16 身銭を切って自己投資しよう

アウトプットをするにあたっては、「身銭を切る」という姿勢も忘れてはなりません。

私は2017年のグラミー賞の受賞式をテレビで観て、Adele（アデル）というイギリスの女性歌手の存在を知りました。

どんな曲を歌っているのかと思い、さっそくYouTubeで『Hello』という曲を聴いてみることにしました。その歌声に感動した私はCDを購入し、しばらくヘビーローテーションで聴き続けました。

またあるときは、Sia（シーア）というアーティストの『Chandelier（シャンデリア）』という曲がテレビCMで流れているのを耳にしました。その瞬間「いい曲だな」と思い、すかさずCDアルバムを2枚注文。想像した以上に全曲が素晴らしく、すっかりシーアの虜になってしまいました。

このように、ちょっとしたきっかけで音楽を耳にしたとき、私は間髪をいれずにCDを購入します。

別にCDでなくても、サブスクリプションの定額制音楽配信サービスでもかまわないのですが、身銭を切って聴く感覚が強いことがポイントなのです。

最近ではSpotify（スポティファイ）のように利用者は無料で聴き、アーティストへの印税は広告収入から支払われるという音楽配信サービスもありますが、やはり身銭を切って有料会員になって聴きたいところです。

いずれにしても曲がリリースされるまでには、さまざまな人の手

とコストがかかっています。少なくとも、クリエイターにお金がきちんと届く手段で音楽を楽しむことで、作り手はもちろん、作り手をサポートする人たちにも、ちゃんとお金が行き渡ります。

　文化を生み出す人たちに敬意を表して、お金を投じる。これは、文化の支え手として当たり前の貢献（というか義務）です。

「タダで聴くことができるなら、それに越したことはない」
「私1人くらいタダで視聴しても、そんなに困らないでしょ」

　そんな考えは、最終的に文化を破壊する強烈な鈍器となります。優れたアーティストが誕生しなくなってから嘆いても、もう遅いのです。

　そもそもタダで情報が手に入ると考えている人のインプットは、甘くなりがちです。本来は身銭を切るからこそ、「真剣に聴こう」「最低10回は聴こう」という気にもなります。

　私は1曲を100回くらいリピートして聴くこともあるのですが、そうするとさすがに「元をとった」という満足感を覚えますし、誰よりも情熱的に魅力を語ることができるようにもなります。

　これは、本や映画にしても同じです。身銭を切るからこそ、自分にとって価値のある情報を得ようと真剣になります。真剣な分だけ、そこから得る感動も大きくなるのです。

　その昔、多くの大学生が、食費を削ってまで西田幾多郎の哲学書『善の研究』を買い求めました。まさに身を切って手にした本であり、当然、必死になって読んだのです。

　当時は、教養のある大学生は一目置かれる存在であり、誰もがわれ先に教養を身につけようと争っていました。

本に限っていえば、身銭を切って手にした本には、自由に線を引くことができます。そこが、図書館で借りた本との最大の違いです。

　線を引くことで、本を真剣に読み、本が自分だけのものになります。

　そして本を読んだら、すかさず小まめにアウトプット（38ページ参照）。それ自体が1つの成果であり、アウトプットしただけで投資した意味があるのです。

　逆にいうと、「アウトプットしないから本が高く感じられる → 本を買わない → ネットでタダの情報ばかり得ようとする → インプットの質が落ちる → ますますアウトプットの意欲がわかなくなる」という悪循環に陥るとも考えられます。

　今は古典の名作がたった数百円で手に入る時代です。どうでしょう。お金を投じて情報を得ないのは、むしろ損という気になってきませんか？

○　身銭を切って情報を仕入れるからこそ真剣になる

✕　タダで見たり聞いたりしたほうが得だと思う

17 「これを知って欲しい！」という情熱を持とう

　アウトプットというと、何かセンスのあるコメントをしなければならないという思い込みがあります。

もちろん、センスのあるコメントをするに越したことはありません。そのための努力も大切です（話すアウトプットについては第3章で詳しく解説します）。

　しかし、もっと手前で大切にしてほしいのは「情熱」です。素晴らしいモノ・コトを誰かと共有したい、という熱い想いです。その熱い想いが、アウトプットの大きな源動力となります。

　たとえ自分自身のことをわかってもらえなくても、自分が好きなモノや感動したコトを受け入れてもらえるだけで、人は満足することができます。

　受け手の立場からしても、個人の日記を読まされるよりは、熱狂的な「○○愛」を語ってもらうほうが興味がわくものです。

　実は、ベストセラーとなった拙著『声に出して読みたい日本語』（草思社）も、「好きなことを知ってほしい」という熱い想いから生まれた本でした。

　私は子どもの頃からたくさんの名文を暗誦し、日本語の美しい響きに惚れ惚れしては、誰かにその素晴らしさを伝えるという行為を繰り返していました。

　たとえば、有名な落語の噺に『寿限無』があります。この噺の面白さは、子どもに『寿限無寿限無〜』というとんでもなく長い名前をつけてしまったところにあります。

　小学校時代の私は『寿限無』の面白さにハマり、1人で暗誦して爆笑していたのですが、やがてそれに飽き足らなくなり、友だちの前でも披露するようになりました。

　すると『寿限無』がクラスで大流行し、クラスメイトが「寿限無寿限無〜」と口ずさむようになったのです。

そんな経験もあり、『声に出して読みたい日本語』シリーズにも、迷うことなく『寿限無』を収録しました。

日本の大人の多くが『寿限無』を知らないという事実に危機感を覚えたことも大きな執筆の動機でした。要は、小学校のときと同じように「この面白さを知ってほしい」と訴えかけたのです。

その後、NHK・Eテレの子ども向け教育番組『にほんごであそぼ』に総合指導として関わることになり、そこで『寿限無』を紹介したところ、大きな反響を呼びました。

当時番組を視聴していた人たちから下の世代に、『寿限無』を口ずさめる人が明らかに増えたのです。

好きなモノ・コトの魅力を伝えるだけでも、立派なアウトプットとなります。

たとえば、ラーメンの世界で人気のブロガーがいます。彼らは自分で美味しいラーメンをつくっているわけではないのですが、好きなラーメンを紹介することで、ラーメンファンたちからの注目を集めたり、賞賛を受けたりしています。

みんな「好きなモノ・コト」についての話を潜在的に聞きたがっているのです。

好きなモノ・コトについて発信するには、とりもなおさず、とにかく好きなモノ・コトを見つけることが肝心です。

自分の好きなモノ・コトに自分自身が気づいていないことも多いですから、自分のことを振り返ってみることも大切です。

好きなモノ・コトを見つけたら、それについていろいろと調べて、知る限りの情報をアウトプットします。

それが深いものになればなるほど、反響も大きなものとなりま

す。好きなモノ・コトを伝えたいという熱意が強く、そのための
努力が大きければ、必ずそれを評価してくれる人は出てきます。

○ **自分の好きなモノ・コトについて熱く語る**

× **伝えたいことが曖昧なまま情報発信している**

18 | セレクト（選択）で オリジナリティを出そう

　好きなモノ・コトについて発信するときには、セレクト（選択）
する作業が必須です。端的に言うと、「齋藤孝セレクト」とか「齋
藤孝の○○ベスト10」というふうに紹介すると効果的なのです。

『西郷南洲遺訓』（岩波文庫）という西郷隆盛についての本をご
存じでしょうか?
　この岩波文庫には、佐藤一斎という儒学者が書いた『言志四
録』という本の中から、西郷自身が書き写した101の名言もあわ
せて収録されています。
　つまり、『西郷南洲遺訓』の中の『手抄言志録』は西郷自身
の言葉ではなく、あくまでも「西郷隆盛セレクト」の言葉なので
す。それにもかかわらず、後世の読者によって、隆盛セレクトの
言葉は高く評価され、読み継がれています。
　このように、セレクトするというアウトプットは、すでにオリジナ
ルのアウトプットを上回るほどになり得るということです。

出版界では、文学者や詩人の名言や名作を集めて1冊にした本（アンソロジーといいます）が刊行されることがあります。

　それを編纂した人は、それだけでオリジナルの作品をアウトプットしたといえます。どの作品を収録して、どの作品を外すかというセレクトに、その人ならではのセンスが表れるからです。

　名言をセレクトして発表することなら自分にもできそう、と感じた人も多いのではないでしょうか。著作者の死後70年をこえて、著作権が切れている作品であれば抜き書きは自由ですし、ルールを守れば作品の引用は認められています。

　たとえば、ブログで「夏目漱石作品の好きなセリフベスト10」と題して紹介する記事をつくってみてはいかがでしょうか？　ベスト10をセレクトするためには、それ相応に作品を読む必要があります。

　アウトプットすることを前提に、「いいセリフを探す」という明確な目的を持って読むと、気になったセリフに線を引いたり、メ

ぼくが読んだ絵本ランキング〜！

1 かちかち山
2 うさぎとかめ
3 いなばのしろうさぎ
4 ピーターラビット
5 不思議の国のアリス

ウサギがらみばっかり…

自分のセレクトについて発信してみよう！

モをとったりして、読書にも真剣味が増します。

そうやって真剣に読むことで、「こんなにすごい作品だったのか!」と気づく可能性も高まります。

また、読書仲間をつくっておいて、「あのセリフは入れなかったの?」「これは文句なしの1位だよね!」などと議論するのも、なかなか楽しいものです。

あるいは、何年かたってから同じテーマで記事をつくって、自分の視点の違いを比較してみるのも一興です。

SNSに自分が食べたスイーツをアップする場合も、ベスト10形式で紹介したほうがオリジナリティを感じさせます。

ベスト10を決めるのなら、せめて30や40のスイーツを食べておきたいところです。「100のスイーツを実際に食べて厳選したベスト10」と言われれば、信憑性が高まってランキングの価値も高まります。

だからこそ、よりたくさんインプットしようという意欲も生まれてきます。また、アウトプットした記事をもとに「そのスイーツを食べてみよう」と思う人が出てくるかもしれませんから、発言には責任がともないます。

ベスト10形式でセレクトしようとすると、インプットにもアウトプットにも熱が入ります。それほどセレクト（選択）という行為は偉大なのです。

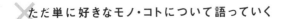

○ ベスト・セレクト形式でテーマ性を高める

✕ ただ単に好きなモノ・コトについて語っていく

19 | 「ベスト3」を選んで 自己表現してみよう

「ベスト10」を選ぶのが難しいという人は、ひとまず「ベスト3」を選んでみましょう。

たとえば、「好きなマンガベスト3」「好きな俳優ベスト3」「好きなアーティストベスト3」など、自分が好きなテーマでベスト3を選んで発表してみるのです。

ただ単に「アウトプットしてみて」と言われても、なかなか頭は働きません。しかし、「ベスト3を発表してみて」と言われれば、具体的に行動できますし、絶妙に頭が働くようになります。

たった1つなら考えなくともアウトプットできますし、反対にベスト10を選ぶとなると、それなりの負荷がかかります。

それがベスト3となると、適度な負荷となり、とりあえずやってみようという気になりやすいのです。

ベスト3を選ぶとき、私たちはまず過去の記憶の中からリストアップして、ひと通りチェックしていきます。一応まんべんなくチェックしながら、候補を絞り込んでいく作業をしていくのです。

この作業を繰り返していくうちに、「セレクト→アウトプット」という回路にスイッチが入ります。

たとえば、「今日のランチ、何を食べる?」と聞かれたときに「何でもいい」とは答えず、「○○のパスタか、△△のハンバーグにしようかな」などと選択肢を自分で提示するようになったりします。

「何でもいい」は思考停止の状態であり、アウトプットしにくい

頭の状態でもあります。しかし、選んでアウトプットできるように
なると、頭の働きも自然と活性化していきます。

　また、ベスト3を選ぶだけで、自分の個性を発揮することがで
きます。
　たとえば「歴代最高のプロ野球選手」を1人だけ挙げるとする
と、普通は金田正一、王貞治、イチローといった選手に票が集
中するでしょう。
　けれど、「自分にとってのベスト3」を挙げるとなると、選定者
によるバラつきが生まれます。それなりに個性が生まれてくるの
です。
　金田正一というと成績重視の印象を受けますし、新庄剛志とい
うと人気重視の意図が感じられます。
　特に3番目に選ぶものに、その人の個性が出やすくなります。
1番目や2番目に選ばれるのは、みんなが納得する定番になりや
すいのですが、3番目となると独自のこだわりを表現したいという
意識が働きやすいからです。
　「メジャーじゃないかもしれないけど好き」「個人的に応援している」
という基準で選ぶ人も出てきます。
　ですから、ベスト3をアウトプットするだけで、すでに自己表
現をしていることになるのです。

○　3つ選んでその中に自分なりのこだわりを含める

✕　ただ単にアウトプットしようとして思考停止になる

20 | マイナー路線の情報を発信してみよう

　43ページでお話ししたように、流行っているものについて言及するのは、アウトプットの王道です。

　ただし、王道はメジャー路線だけに競争が激しいですし、ミーハー一辺倒というのも芸がありません。

　そこでおすすめしたいのが、舗装された王道でなく、けもの道に踏み出すという選択肢です。希少性のあるテーマでアウトプットしてみるのです。

　私は以前、鹿児島県で西郷隆盛に関する講演をしたことがあります。

　その会場では、講演とともに作文コンクールの表彰式も行われることになっていました。「薩摩の偉人に学ぶ」といったテーマで、地元の子どもたちの作文を発表していたのです。

　そのコンクールで表彰された小学生の作文で印象的だったのは、西郷隆盛を見いだすなど幕末の名君の1人として数えられる薩摩藩主・島津斉彬の偉大さについての熱い文章でした。

　その小学生は、西郷隆盛も、西郷の盟友でライバルの大久保利通も偉大だと思うけれど、本当にすごいのは島津斉彬公であると主張しました。島津斉彬公がいなければ、西洋の文化をいち早く取り入れようとする機運も生まれず、後の西郷隆盛の活躍もなかったと分析したのです。

　小学生ながら、なかなか鋭い視点だと、私は感じ入りました。

一方、大久保利通について書いた作文で表彰された中学生も
いました。西郷隆盛はヒーローで、大久保利通は悪役に見られ
がちな現状を踏まえ、悪役であることを引き受けた大久保の苦悩
に思いをはせた作文です。

　大久保が彼に不平を抱く士族によって東京の路上で暗殺された
とき、西郷から受けとった手紙を持っていたというエピソードも
紹介されていて、非常に感動的な内容でした。

　もちろん、島津斉彬も大久保利通も、歴史的にはとても重要な
人物です。ただ、世間的には西郷隆盛や坂本龍馬といったビッグ
ネームの陰に隠れがちな存在です。

**そういった"知る人ぞ知る存在"にあえてスポットをあてて、
アウトプットするというのも一興なのです。**

　子どもの頃、みんなが日本のアイドルに熱中しているのを尻目
に、あまり知られていない洋楽アーティストにハマっている子がク
ラスに1人はいたのではないでしょうか。

　ちょっと天の邪鬼かもしれないですが、そうやってみんなの興
味から少しだけ離れたところに目をつけるのも、なかなか賢い戦
略です。王道ではないちょっとマイナーなフィールドに足を踏み
入れてみると、思っていたよりも奥が深かったというケースは多々
あります。

　17世紀のオランダの画家ヨハネス・フェルメールなどは一時期
は忘れられた存在となっていましたが、ある時期を境にして注目
を集めるようになり、今では日本美術展史上に残る「フェルメー
ル展」が開催されるなど、一大ブームになるほどの人気を博して
います。

大正末期から昭和初期にかけて活躍した童謡詩人の金子み
すゞも、一時期は人気が下火になっていましたが、出版社がもう
一度魅力を世に問うたことから、今では多くの人が知る存在となっ
ています。

　　このように、目を向けられていないフィールドに着目して復権
を後押しするなど、「この人（分野）の魅力を世の中に知ってほし
い！」という意気込みを持てば、アウトプットにもさらに熱が入り
ます。

○ 多くの人が着目しない視点に目線を移してみる

× 誰もが目をつける競争の激しい分野で
　 埋もれてしまう

第 3 章

話すアウトプットの
基本ワザ

21 | しゃべることで "自己実現"を重ねよう

　この章では「話すアウトプット」の高め方についてお話しします。アウトプットの基本は、なんといっても「しゃべること」です。

　40年ほど前のことになりますが、私が東大に入学したとき「東大生は議論好きが多い」と思いました。とにかくみんな、自分が知っていることをしゃべってしゃべって、しゃべりまくっていたからです。

　しかも、優秀な人ほどその傾向が強かったのです。いろいろと経験した私は、「頭のいい人は速く正確に話す人である」と確信しました。

　社会人でも頭がよくて生産性の高い人は、自分の考えを主張したりアイデアをたくさん出したりする機会が非常に多いという点で共通しています。

　有名人を見ていても、能力の高い人には、早口の（頭の回転が速い）イメージが強いです。

　アップル創業者の故スティーブ・ジョブズにしても、京セラ創業者の稲森和夫氏にしても、勢いのある企業家は決まって饒舌です。しゃべる熱量が、その人自身のエネルギーと直結しているのではないかと思います。

　私は、しゃべってアウトプットすることは、1つの自己実現の手段だと考えています。自己実現というと、何か大きなことを成し遂げるイメージで理解されがちですが、実はもっと日常的なことで達成可能です。

何かを話すことで、インプットした知識を活用する。そして活用できたという充実感に浸（ひた）る。これだけで、もう立派な「自己実現」といっていいです。むしろ、小さな自己実現を無数に重ねるからこそ、大きな事業も達成できると考えるほうが自然です。

そもそも、早口で正確にしゃべっている人は年齢を感じさせず、若々しさにあふれています。

ちょっと想像してみてください。テキパキ話す高齢者がいて、その人の年齢が90歳だと知ったら、とても若々しい印象とのギャップで驚くことでしょう。

しゃべり続けていれば、発声するための喉（のど）の筋肉も、頭脳の能力も維持されやすくなります。

しゃべってアウトプットし続けることは、人生を充実して生きるためにも不可欠な行為といえるのです。

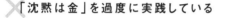

○ とにかくしゃべることをためらわない

✕ 「沈黙は金」を過度に実践している

22 雑談にオチや結論を求めないようにしよう

最も身近な話すアウトプットといえば「雑談」でしょう。とりとめのない会話で人と打ち解けると、仕事もプライベートもうまくいきやすくなります。

雑談が上手な人は、人を楽しませたり、喜ばせたり、感心させ

たりするのが上手です。雑談をすると、もめ事も起こりにくくなりますから、雑談上手は周囲にいる人を幸せにする力を持っているともいえます。

　特に、グローバルな時代には、いろいろな価値観や背景を持つ人たちと一緒に働くようになります。このとき、雑談を通じて相手の価値観やNGワードを把握できれば、衝突の回避にもつながります。

　では、雑談はどのようにしたらよいのでしょうか。

　雑談のきっかけは「あいさつ」です。この基本中の基本が、話が前に転がっていく絶好のきっかけになるのです。

「おはようございます」「こんにちは」「おつかれさまです」あるいは「あ、どうも」など、状況に応じて声をかけることは、相手と打ち解けたいという意思表示になります。

　そのうえで、プラスアルファのひとネタをつけ加えます。

「今日も猛暑になりそうですね」「○○線の電車が遅れているみたいですね」などプラスアルファの一言を加えると、相手からも「ゲリラ豪雨が心配ですね」「今日はバスで行くことにしますよ」などとリアクションが返ってきます。

　こうしたたわいないやりとりが、最もシンプルかつ基本的な雑談のパターンです。

　ちょっとした会話をして、相手との心理的な距離が近づいたら、雑談をサッと切り上げるのがコツです。

「じゃ、失礼します」「いってらっしゃい」「ではまた」など、潔く別れるのが雑談の大切なコツです。お互いに「もうちょっと話してもよかったかな」と思うくらいがちょうどいいのです。

雑談には、オチや結論は不要です。

特に男性は、話している内容に教訓らしきものを求めたり、結論で締めくくりたくなりがちですが、結論が出るとそこで話が終わってしまいます。

そうではなく、テーマもなく「だからどうした」というとりとめのない会話をやりとりするのが雑談です。

内容や結論はないけれど、会話をしただけで気持ちがなごみ、ほんわかとする。会話の中身は、そのための方便なのですから、オチがないほうがむしろ好都合なのです。

○ なにげないあいさつからちょっとした雑談を展開する

✕ オチや結論がなければ会話ができないと考える

23 | 相手の話を広げる あいづちを打とう

雑談を円滑にさせるリアクション（反応）が「あいづち」です。あいづちは、相手の話に調子を合わせて受け答えするために発する言葉を指します。

あいづちは漢字で「相槌」と書きます。鍛冶職人が刀を鍛える作業をするとき、師匠と弟子が呼吸を合わせて交互に槌を振るったことが語源となっています。

ですから、鍛冶職人が槌をふるっているような気持ちで、テンポよくあいづちを打ち続けるのが理にかなっています。

あいづちを打つときのポイントは3つあります。

**　1つは、否定をしない、ネガティブな言葉を使わないということ。**
「ああ、いいですね!」「なるほど、それで?」「わかります、ですよね!」などと相手の話を遮(さえぎ)らない程度の声で、体全体で反応しながらあいづちを打つといいです。少しずつ身を乗り出しながら、相手を乗せていくのがコツです。

「いや」「でも」「だって」など、反射的な否定の反応がクセになっているような人も見かけますが、それでは単なる否定であいづちにはなりません。

**　2つ目のポイントは、大事なキーワードを繰り返すことです。**

　たわいない話の中にも、キーワードが含まれているものです。たとえば、ゴルフの話をしていて「ここで腰のタメを使って」というキーワードが出てきたら、「なるほど。腰のタメって、そんなに大事なんですね」のようにキーワードを繰り返します。そこから相手の話をさらに促していきます。

雑談は「否定しない」「キーワードを繰り返す」「相手の話を広げる」

これは、いわゆる「オウム返し」とは違います。

オウム返しは、相手の話をそのまま全部繰り返すこと。しかし、キーワードを拾って繰り返す行為には、「重要な言葉をセレクトする」という重要な作業が含まれています。

このセレクトがハマると、話している側に「キーワードをちゃんと見つけてくれた」「わかってくれた」という満足感が生まれ、「この人は話しやすい」と感じられるようになります。

3つ目のポイントは「たとえば、こういうことでしょうか?」などと、相手の話を広げていくことです。

「私は新入社員ですが、新人が仕事を覚えるときでいうと、こういうやり方がいいということでしょうか?」

こうした具合に例を出して質問することで、「まさにそういうことなんだよ」「それとはちょっと違ってね」と、話が広がっていきます。「つまり、こういうことでしょうか?」と言いながら相手の話をまとめてしまうと、相手の話が長かったというメッセージが伝わってしまいます。

ですから、あくまでも話を広げるために例を提示します。

以上の3つのポイントを繰り返すだけで、人の話を聞くスキルが急激にアップしますから、ぜひ試してみてください。

○ テンポのよいあいづちで相手を気持ちよくさせる

✗ 「いや」「でも」「だって」がログセになっている

　雑談の先にある「エピソードトーク」となると、もう少し準備が必要になります。

　ラジオ番組では「今日のメールテーマ」などと題して、リスナー（聴取者）からエピソードを募集するコーナーが定番となっています。

　募集するテーマは「お世話になった大恩人」とか「受験の思い出」、はたまた「言わなきゃよかった」など、適度にたわいもなく、ほんわかしたものと相場が決まっています。

　リスナーから寄せられるエピソードには、奇跡的な体験や人情の機微を感じさせるものもあり、聴いていて思わず笑ったり、しんみりしたりします。

　私は大学の授業で、学生たちに2人1組あるいは4人1組になってもらい、お題を与えてエピソードトークをしてもらうことがあります。

「この1年で人から褒められてうれしかったのは、どんなこと？」と聞かれて、あなたはとっさに話すことができるでしょうか？

　急にお題を与えられると、多くの学生は「えっ、どうしよう」と、一瞬戸惑った表情を見せます。戸惑うのは、その時点で自分の中にエピソードのストックがないからです。

　しかし、そこから必死に過去の記憶をたどり、絞り出すようにしてアウトプットしてみると、自分の中にエピソードがいくつかストックされていることに気づきます。

　そうやって自分の中にストックされていたネタを一度アウトプット

してみると、今度はストックされたネタを引き出しやすくなります。

　ロシア語の通訳者であり作家でもあった故・米原万里さんが、
『不実な美女か貞淑な醜女か』（新潮文庫）というエッセーで、
次のように述べているのを読んだことがあります。
「知っているけれどもすぐには出てこない知識は消極的な知識で
ある。逆に、すぐに出てくるのが積極的な知識だ。知識というの
は、すべからく積極的な知識の棚に置いておかなければならない」
　消極的な知識、つまり「昔、覚えたような気がする」というレ
ベルの知識は、知識がないのとほとんど一緒だということです。

　もっというと「知っているけれど使えない知識」も、ほとんど
無意味です。
　たとえば、テニスのコーチからボールの打ち方を教えてもらい、
ラケットの持ち方や体の動かし方を身につけたからといって、実
際にラリーができなかったら無意味なのと同じです。
　普段から、何かトークテーマを振られたときに、すぐに対応で
きる準備をしておく必要があります。好きなラジオ番組があれば、
エピソードを投稿してみるのも1つの方法ですし、今は誰でも
YouTubeやネットラジオでパーソナリティになれる時代です。
「使えるトークのネタ」をつくっておけば、どんな人と話すときに
も臆することがなくなります。

○　お題を投げられてすぐに打ち返せるネタをストック

×　知っていてもすぐに出てこない知識ばかりある

25 | 相手が面白がるような 質問をしてみよう

セミナーや講演会に参加して、「ご質問はありますか?」と問いかけられたとき、あなたはどうしていますか?

積極的に質問をすることなく、無言でいる人が多いのですが、人の話を聞けば、必ず何か心に思うところがあるはず。「面白かった」でも「ちょっと同意できないな」でも、なんでもいいのです。

思ったことを「質問」という形で相手に問いかければ、相手からもっと情報を引き出すことができます。質問はれっきとしたアウトプットであり、新たなインプットの機会でもあるのです。

「面白いお話だったんですけど、どうすればそんなふうに話せるようになるのですか?」

「私はこう思うのですが、どう思われますか?」

そうやって素朴に思ったことを質問すれば、新たな発見が必ず得られます。誤解が解けたり納得したり、具体的なノウハウが手に入ったりするわけです。

そもそも知の歴史は、対話によって培われてきたともいえます。質問を繰り返しながら知を探求するスタイルは、古代ギリシアの哲学者・ソクラテスが実践する「問答法」に始まったものです。

ソクラテスが質問に次ぐ質問をたたみかけると、相手が「あれ? 本当はあまりわかっていなかったかもしれない」と気づく瞬間が訪れます。

このハッと気づいた瞬間こそが哲学の始まりであり、知を愛することの始まりであるとソクラテスは説きました。

これを踏まえると、日常会話であっても質問する姿勢が出てくるはずです。

では、いったいどんな質問をすればよいのでしょうか？

たとえばテレビ番組の取材で、プロ野球選手に向かって「○○選手にとって野球とは何ですか？」と質問する人を目にします。あまりに工夫がなさすぎます。

もうちょっと具体的に「逆転ホームランを打ったとき、どんな気持ちでしたか？」と質問するのも、やはり工夫が足りません。「うれしかったです」「チームに貢献できてよかったです」という決まり切った答えを引き出しても、面白みに欠けるからです。

あるいは、きれいなネイルアートをほどこしている女性に、「いくらかかったの？」と質問するのもちょっとはばかられます。昨今は、セクハラやパワハラが問題になっていますから、やはり質問内容には注意したいところです。

このように質問するときに悩むのは、ありきたりな質問になったり、失礼な質問になったりするのではないかという点です。

目指したいのは、相手が面白がって答えたくなるようなクリエイティブな質問です。

では、そのコツを1つお教えしましょう。

話を聞きながら、質問したいことを3つくらい頭に入れておきます（できればその場でメモしておきましょう）。

そして、質問できるチャンスが来たら、その中からベストな質問を選んでぶつけてみるのです。

思いついた質問の中には、「聞きたいけれども、ちょっとぶしつけかもしれない質問」「わざわざ聞くほどのことでもなさそうな

質問」もあるでしょう。

　けれども、３つの質問の中からベストを選べば、それなりに必然性のあるセンスのよい質問ができます。もちろんセクハラやパワハラに抵触するリスクもかなり小さくなるでしょう。

　最もいい質問は、相手が答えたときに「ああ、この答えはみんなが聞きたかったものだ！」と後から思えるような質問です。

　みんなの隠れた需要に応えるような質問は、非常にクリエイティブなのです。答えた当人から「今まではそんな質問されたことなかったけど、あらためて考えてみると面白いですね」などと言われるのも理想的です。

　○ 質問して新たな発見を得ようとする

　✕ 質問するチャンスがあっても恥ずかしがって黙り込む

26 ｜ 知らない話題でも 話を回してみよう

　会話をしていて「○○についてどう思いますか？」と質問されたものの、それについてまるで知識を持ち合わせていないことがあります。

　かといって「知りません」と答えて会話を切ると、場が沈黙してしまうだけです。「知りません」で終えると「これ以上、その話はしないでほしい」というメッセージも伝わってしまいます。

「知りません」が繰り返されてしまったら、もうその人と話したくなくなってしまうでしょう。

　自分では「知らない」という事実を伝えただけなのに、相手から「この人と話してもつまらない」「この人は私との会話を拒否している」と思われたとしたら、とても損です。

「知りません」で会話を終えるのは、とても危険な行為ともいえることを知っておきましょう。

　まずは、相手の言葉を受け止めて、会話の流れを止めないことです。聞かれたことについて知らない場合も、興味のなさそうな顔をするのはもってのほかです。

　では、どうすればよいのか？

「知らない」という事実を踏まえたうえで、場を盛り上げるアウトプットを試みるのです。

　たとえば、「全然知らないのですが、それって何ですか？」と素直に聞いてしまうのも1つの方法です。素直に聞き返せば、相手も説明してくれるものです。

「サブスクリプションについてどう思いますか？」

「ごめんなさい、不勉強でよく知らないのですが何のことですか？」

「商品やサービスを定額制で利用することで、"サブスク"と略して言う人も多いです」

「ああ、そういえばニュースで月額5980円で毎日ランチが楽しめるというサービスを紹介していましたよ」

「そうそう、それがサブスクです。洋服を月額制で利用できるサービスもあるんですよ」

このように、"知らないけれども興味がある"という姿勢を示すと、会話がどんどん広がっていきます。

　知らないことに興味を持って素直に質問できる人は、マイナスイメージを持たれません。知識がなくても、上手にアウトプットを展開できるのです。

　とはいえ、中には「知らない」では済まされない話題もあります。たとえば、イギリスのEU離脱について「まったく知らないですけど、どういうことですか?」というのは、社会人としてちょっと一般常識に欠ける印象になりかねません。

　常識的な話題について知らなかったときには、とにかく相手のキーワードを拾いつつ対応します。

　「ああ、EU離脱の問題ですか」とキーワードを繰り返し、「まだまだクリアすべき課題はありますよね?」などとあいまいに受けながら、相手に発言を促します。

　話題を持ちかけたほうは、何かしら言いたいことがありますから、引き取って話し始めるはずです。

　あとは、相手の話にうなずいたり感心したりすれば会話は展開されていきます。

　この場合は、会話を"続けること"が肝心です。相手の会話を引き出す一言が、最低限求められるアウトプットとなります。

◯　自分が知らないことを素直に質問してみる

✕　「知りません」で会話を終わらせてしまう

27

1つの話題を
15秒で話してみよう

　ここからは端的に「解説」や「要約」をして話すアウトプットのテクニックをお伝えします。

　話を短くまとめるために、私が学生に取り組んでもらっているのが、「15秒で話す」という練習です。

　このとき、ストップウオッチで時間を計るのがポイントです。スマートフォンのストップウオッチ機能を活用してもいいでしょう。

　まずは、とにかくストップウオッチで計りながら話してみます。何回か繰り返していくうちに、「15秒って、だいたいこんな感じか」と感覚がつかめるようになってきます。

　そうすると、最初はダラダラ話していた学生も、しばらくするうちに、端的に15秒で話をまとめられるようになります。

　最初は1分かかると思っていた話を30秒で、30秒かかると思っていた話を15秒でまとめられるようになってきます。ストップウオッチの時間を意識することで、話のムダな部分がどんどん削られていくのです。

　結果として「えーっと」「あのー」「みたいな」などの余計な言葉が省かれるようになり、ポイントだけがクリアに浮かび上がる話し方が身についてきます。

　いってみれば、レントゲン写真のように、骨格だけを鮮明に見せる説明ができるようになるのです。

　こうした端的な話し方が身につくと、あとは一生にわたって「話し上手」として生きられます。

私の教え子が就活中に他の学生が話すのを耳にして、こんなことを言っていました。

「授業中と比べると、なんだかみんなモタモタ話しているように聞こえるんです」

　サッカー選手はパス回しの速い代表チームでの練習に慣れてしまうと、もとのチームに帰ったとき動きが鈍く感じると言いますが、その感覚と似ています。

　さて、15秒で話すのに慣れてきたら、そこから30秒に延ばしてみます。

「短く→長く」が正解であって、その逆はおすすめできません。長い時間からスタートすると「密度の濃さ」の感覚が身につきません。

　15秒で完成された話を30秒に延ばす場合、密度を保ったまま情報量を増やしていくので、30秒で非常に内容の濃い話ができるようになります。

　さらに「30秒→45秒」と延ばしていくといいでしょう。余計なノイズを入れないのはもちろん、主部と述部がねじれないような工夫も必要です。

　時間を延ばしても、録音して起こしたときに文章としてそのまま使えるような完成度を目指しましょう。

○ 15秒で1つの話をまとめる

✕ 「えーっと」「あのー」と余計な言葉が多い

28

最終的には
1分でアウトプットしてみよう

「15秒→30秒→45秒」とコメントを発展させ、最終的には「1分間アウトプット」を目標にしましょう。

1分で人に説明してわかってもらう、面白がってもらうというスキルを目標にするのです。

「たった1分?」と思う人がいるかもしれませんが、1分というのは相当長い時間です。

日常生活では、1分などあっという間に過ぎ去る印象があるかもしれません。友人とたわいもないおしゃべりをする場合、1分はおろか、5分、10分はあっという間に過ぎるかもしれません。

しかし、いざ内容のある話をするとなると、1分間は相当長く感じられるのです。

「本の内容を紹介する」「ニュースについて説明する」となると、とたんに1分ももたなくなります。内容を深く理解したうえで、話す内容を整理しない限り、しどろもどろになってしまいます。

逆にいうと、1分もあれば、かなりまとまった情報を伝えられるということです。

私は、セミナーなどで1分のプレゼンテーションを体験してもらうことがあります。ある企業では、新入社員に対して、1分で自分の目標を語る練習をしてもらいました。

2人1組になって、お互いに短期・中期・長期の目標を1分ずつ交代で話すという形式です。

1つの目標を15秒ずつ話すと、「15秒×3つの目標＝45秒」。残りの15秒でまとめのコメントをすれば、ちょうど1分の計算になります。

　当初は、ちょっとくらい説明するのが苦手な人でも、1分くらいはなんとか話せる人が多いだろうと踏んでいました。

　ところが、蓋を開けてみたら、この思惑は見事に覆されました。

　実際には、1分間にわたってずっと話し続けられる人は、ほとんどいませんでした。

　それどころか、30秒をクリアした人すら、ごく少数にとどまったのです。

　多くは、15秒程度で話が続かなくなってしまい、残りの45秒を手持ちぶさたにやり過ごしていました。

　やはり「1分」という時間は、相当な情報量を伝えられる長い時間なのです。

　多くの人が限界を感じた15秒は、ちょうどテレビCMと同じ尺です。たった15秒でも話題をさらったり、みんなの印象に残ったりするCMはたくさん生み出されています。

　1分には、その4倍の情報を詰め込むことができるのですから、1分で話すことは相当なスキルといえるのです。

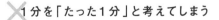

○ 15秒×4の1分間でまとまった情報を伝える

× 1分を「たった1分」と考えてしまう

29

自分が好きなモノ・コトで 自己紹介しよう

さて、ここからはシチュエーション別に、話すアウトプットについて具体的に解説していきます。

話すアウトプットの中でも、実用性が高いのは「自己紹介」です。自己紹介というと、自分のことを説明することのように思われるかもしれませんが、実はそうではありません。

自己紹介は「自分のことを説明しない」というのが重要なポイントです。

疑問形で自分の性格について話す人をよく見かけます。

「ほら、私って、朝の目覚めが悪い人じゃないですか〜。だから、朝早い約束だと遅刻しがちなんですよね〜」

こんなふうに言われても、「こっちはアナタのことなんか知らないよ」と反発したくなります。一方的に「私のこと知ってますよね」と押しつけられたような気がして、ちょっとうっとうしいのです。

自己紹介では、自分のことを説明しようと思うのが、そもそも間違いのもと。それよりも「自分が好きなこと」を伝えたほうが、共感が得られやすくなります。

私は、大学の新入生たちに、最初の授業で自己紹介をしてもらいます。そのときのルールとして、自分が好きなモノ・コトを1つ紹介してもらい、それにまつわるパフォーマンスをワンポーズで決めてもらいます。

たとえば、ある学生は「今、私はダンスに夢中です」と言い、少しだけパフォーマンスを見せてくれました。

学生は何十人もいますから、すぐに全員の名前まで覚えられません。でも、「あのときダンスをした学生」ということは強く印象に残ります。

　好きなモノ・コト、それについてのパフォーマンスは、相手の印象に残るのです。

　社会人の名刺交換のときにも、「私は温泉にハマっているんです」といえば、それだけで印象に残りやすいですし、「私も好きなんです」「どこの温泉がおすすめなんですか?」などと会話が広がる可能性も高くなります。

　好きなものが共通項になれば、親密度が一気にアップします。

　自分の出身地を伝えるのも有効ですが、出身校を伝えるのはちょっと考えものです。下手に出身大学を語って自慢しているように聞こえるのもよくないですし、逆に「その程度の大学なのか」なんて思われるのも癪です。

　私は、自己紹介のときに、さりげなく名門の出身高校について話してくる人に何度か出会ったことがあります。たしかに名門校なのかもしれませんが「初対面でわざわざ高校名まで出すなんて」と、ちょっと引いてしまいました。

　やはり好きなモノ・コトを紹介するのが、最も平和かつ有効な自己紹介といえそうです。

○ 自己紹介で自分の好きなモノ・コトを話す

✕ 自己紹介で自分のことを説明する

30 | スピーチをするときの 3つのコツを実践しよう

スピーチのコツは3つあります。

1つ目は、まず締めの一文を決めるということです。

締めの一文を決めると、そのゴールに向けて逆算して内容を考えるようになりますから、スピーチが組み立てやすくなります。

締めの決めぜりふがピタッと決まると、「いいスピーチだったな」というよい印象が残ります。

2つ目のコツは、短く話すということです。

長々しいスピーチほど煩わしいものはありません。スピーチも、前述したように「1分」を目安に練習しましょう。

1分を目安にすれば、ムダな情報も省かれ、引き締まったスピーチとなるので、拍手も起きやすくなります。「簡潔なうえに、

スピーチは「締めの一文を決める」「1分単位で短く話す」
「具体例を挙げる（モノを使うのもアリ）」

決めぜりふまであって立派！」という感動を与えるのです。

　与えられた時間が多少長くても、たとえば5分なら「1分×5」と考えれば話を組み立てやすいですし、聞き手も飽きさせません。

3つ目のコツは、具体的な例を挙げるということです。

「彼は本当に優しい人間です。たとえば○○というエピソードがあります」と具体例が伝わると聞いて得した感覚が生まれます。

　これと関連して、何か現物を持っていくのも1つの手です。たとえば、私の教え子に、世界各地を旅して民族衣装を集めている学生がいました。

　彼女は自分の活動についてスピーチするときに、民族衣装を5着くらい持参しました。やはり現物を見るとインパクトがありますし、説得力も増します。

　お笑いのジャンルに「モノボケ」というものがあります。モノを使ってボケてみせる芸ですが、民族衣装を活用するのもモノのインパクトを上手に活用している好例だと思います。

　または、「私が主張したいのは安全第一です」と言いながら安全ヘルメットを出してきて頭に装着する。そう聞くと、たわいもないパフォーマンスに聞こえますが、実際に見ると結構印象に残ります。こういう演出があると、スピーチは盛り上がりますから、試してみる価値は十分にあります。

○　短く簡潔にスピーチする

✕　ダラダラと面白くもない話をする

31 | 報告はなるべく早めを 心がけよう

報告は、とにかく「早さ」が肝心です。

ビジネスにおいては、「なぜその時点で報告してくれなかったんだ。もし1日早ければ解決できていたかもしれないのに」ということが起こります。

報告が早いというだけで信頼が得られますし、逆にいえば、報告が遅いがゆえに信頼関係にヒビが入る可能性だってあります。

私が、ある番組の出演オファーをメールで受けたときのことです。提示された日時には、あいにく別件が入っていたため、先に入っていた予定を動かして調整することにしました。

首尾よく日程の調整がついたので、「ご指定の日時でお受けいたします」と返答したところ、予想外のメールが返ってきました。「すでに別の方の出演が決まってしまったので、今回は申し訳ありません」

たしかに、私がメールを返信するまでに多少時間を要してしまったことは事実です。

「予定を調整しますので、今日いっぱい返答をお待ちいただけますか」などと連絡しておくべきだったでしょう。

一方で、ご担当者も「○時までにお返事をいただけない場合は、別の方にオファーします」などと事前に言ってくれていたら、私の対応も変わっていたはずです。

あるいは、私からのメールの返答を待たずに、別の方に決まっ

話すアウトプットの基本ワザ

た時点で「急いでおりましたので、今回は他の方にお願いすることになりました」と報告してくれたなら、誠実さを感じたと思うのです。

　このように、忙しい仕事の現場では、刻一刻と状況が変化しています。ちょっと報告のタイミングが遅くなっただけで、行き違いが生じたり、トラブルを招いたりする可能性もあるのです。
　また、トラブルが一瞬にして拡散し、企業の評判を左右するリスクも想定されます。
　こまめな報告、早めの報告は、自分の身を守るための盾ともなります。

　メールで報告すれば、その時刻が履歴として残ります。このタイミングが早ければ早いほど、自分の身も守られると考えたほうがよいです。
　もっとも、メールを送っておけば安心というわけではありません。
　送ってからしばらく音沙汰がなく、先方が確かにメールを見たという確証が得られないときは、再度確認のメールをする。もしくは、FacebookやLINEで連絡したりと、連絡ルートを使い分けることも意識しましょう。

○ 報告はこまめに早めに行う

✕ 問題が大きくなってから報告する

32 上司が部下に小さな相談をして環境づくりをしよう

　職場や学校、それに家庭でも、円滑にコミュニケーションを図るために大切なことは、「相談しやすい環境づくり」にあります。

　上司やリーダー、子を持つ親が心がけたいのは、普段から、ちょっとした相談事を用意しておき、ことあるごとに部下や後輩、子どもに相談を持ちかけてみることです。

　相談というと、部下が上司にするもの、後輩が先輩にするもの、子が親にするものと決めつけていないでしょうか?

　上司が部下に向かって「なんでもっと早く相談してくれなかったんだよ」と叱るようなイメージもあるかもしれません。

　しかし、本当は順序が逆です。上司が部下に相談を持ちかけていれば、部下も上司に相談を持ちかけやすくなるのです。

　「今度のプレゼンで発表する商品デザインなんだけど、このAパターンとBパターン、どっちがいいと思う?」

　こんな感じで部下に相談を持ちかけてみるのです。それだけで部下は「自分が上司に頼りにされた」という感覚が芽生えますし、部下の意見をとり入れるとなれば、部下は「上司の役に立てた」と貢献した感覚が得られます。

　とはいえ、いきなりヘビーな相談を持ちかけると部下は引いてしまいますから、普段から部下に些細なことを相談しておく。そうした日々の下地づくりが、いざというときに効くのです。

　または、日ごろから相談したいことをメモしておき、その中からミーティングや休憩などのタイミングで部下に相談を持ちかける

という手もあります。

　ここで大切なのは、相談を解決することではありません。より大事なのは、相談を通じて部下と意思疎通しやすくしておくことにあります。

　もっと単純に言うと、上司と部下の関係性を維持しつつも、「仲よくなっておく」ということ。なれ合いの関係になってはいけませんが、お互いに相談しやすい環境をつくるのです。

　実は、こうした相談の仕方は、女性が好意を持っている男性に対して、よく使う手でもあります。

　女子高生が、授業が終わってから若い男性教師をとり囲み、長々と進路などを相談をする光景が典型的です。あれは相談するという形で、好意を示しているのです。

　私もセミナーで、参加者のみなさんに相談の練習をしていただくことがあります。1人が相談を持ちかけて、周りの人からフィードバックを受ける。

　これを繰り返すうちに、みんな端的に相談できるようになりますし、何よりも初対面の人同士も仲よくなります。

　人は、情報を共有してみんなで解決策を模索すると、連帯感を感じるようになります。この連帯感を日常的につくっていくことが、とても重要なのです。

○ 日ごろから情報を共有して話しやすい雰囲気をつくる

× 普段の会話をおろそかにして話しにくい雰囲気が広がる

33 | 営業職は３つの選択肢を用意しよう

　私はセールスの経験はありませんが、お客の立場から考えると、営業職の人がセールスをするときには、相手に「人として気に入られる」ことが重要だと思います。

　誰だって好意を持った相手の話には耳を傾けますし、逆にイヤな印象の人の話を聞きたいとは思わないからです。

　まずは身だしなみを整えて、きちんとした人間であることを示す。そして、営業トークはサッと切り上げる。これを基本中の基本としましょう。

　「今日はごあいさつだけに参りました。○○社の△△です。よろしくお願いいたします。……それでは今日は失礼させていただきます」

　「今日は３分ほどお時間をいただきます。…… ３分経ちましたので、これで失礼いたします」

　これを実践している限り、相手の負担にはなりません。

　パーソナルな部分、人間らしさを見せるというのも最低限の心得です。

　私は愛犬家ですが、たとえばペットの犬や猫を見かけたら、スーツが毛だらけになるのもお構いなしに抱きかかえてしまうような人には、やっぱり親しみを感じます。

　パーソナルな部分を見せつつ、相手と共通の趣味嗜好で気が合うというのも重要なポイントです。気が合えば、人として信用されるようになります。

相手の家にお邪魔して絵が掛かっているのを目にしたら「素敵な絵ですね。私も絵を観るのが大好きなんです」と口にするだけで少し打ち解けられます。

　相手の話に耳を傾けることも忘れてはなりません。

　基本は「話す」より「聞く」ことが大切です。優秀な営業職の多くは、人の話を聞くことに長けています。あくまでも自分たちの商品やサービスを押しつけるのではなく、相手の話を聞いてリクエストに応えた提案をするのです。

　提案するときには3つの候補を提示する方式が有効です。

　たとえば、「品質重視ならこちらで、価格重視ならこちら、その中間のタイプがこちらです」など、価格の違う3つの商品・サービスを提示すると選びやすいです。

　3つの商品・サービスを提案し、そこから選んでもらうことで、購入する側に主体性が生まれます。

　3つの中から1つに絞り込む作業を通じて、「自分が選んだ」という意識を持つようになり、納得感を持って購入に導くことができます。

　1つ目、2つ目の商品・サービスは定番のものにしておき、3つ目は思い切って個人的な趣味を提案するのもアリです。

　「これはちょっとご参考までに私の完全な趣味でご提案するものですが、こういうものもあるんです」と提示されたら、購入するかどうかはともかく、人間味を感じることはできます。

　3つを提案するという枠組みを活用して、商品・サービスだけでなく、さりげなく自分をアピールする。

　できる営業職は、実はこういうしたたかな売り方をしています。

○ 相手に「納得」してもらうセールス

× 相手を「説得」しようとするセールス

34 | お願い事は具体的な 行動イメージを共有しよう

　人に何かお願い事をするときは、その内容を明確にすることが肝心です。

　もし、想定した通りに人が動いてくれなかった場合は、お願いのしかたに問題があったと考えるべきです。

　人に行動を促すためには、具体的な行動イメージを共有する必要があります。

　ただし、たとえば上司が部下に指示を出す場合、上司は経験によってイメージが蓄積されているのに対して、指示を受ける部下は同じようなイメージを描きにくいことが考えられます。

　そこで、「○○するのはOKで、××するのはNGだよ。○○を目指して取り組んでね」という具合に、成功イメージと失敗イメージを具体的に提示しつつ行動を促すとうまくいきやすいです。

　たとえば「お客さんにメールで回答しておいてね」だけでは、部下が後回しにしてしまう可能性があります。

　「このお客さんは急ぎだから、30分以内に回答してあげてね。最優先でお願いします」などと明確に指示を出すのです。

あるいは、「1にこれ、2にこれ、3にこれ」のように、簡単なステップを指示するのも、面倒なようで、結局は最も効率がよいといえます。マニュアルのように段取りを明記してメールするのもいいでしょう。

　形となる段取り（マニュアル）を手にすると、それを見ながら仕事を進められるようになります。口頭で指示されたときより、正確に指示を再現するようになるのです。

　段取りを考えて指示するスキルは、非常時にこそ問われます。

　私は、『段取り力』という本を執筆したとき、人類史上、最も段取りが多い作業について調べてみました。何だと思いますか？

　それはアポロ計画（アメリカによる人類初の月への有人飛行計画）だったのです。確かに、月面着陸を成功させるのに膨大な段取りが必要なのは、容易に想像ができます。

　しかも、3度目のアポロ計画では、アポロ13号が事故によりミッションを中止し、トラブルを乗り越えて地球に生還するというドラマがありました。

　想定した段取りがうまくいかなかったとき、新たに段取りを組み直し、それを忠実に実行してもらわなければ、危機を乗り越えることができません。

　マニュアルや指示書というと「自主性がない」「マニュアル人間をつくる」などと否定的にとらえられがちですが、最低限のマニュアルは組織には必要です。

　マニュアル化すべき仕事と自主性に任せる仕事を分けたうえで、きちんとした段取りを考え、マニュアルをつくることもリーダーに求められる能力なのです。

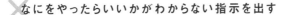

○ 具体的になにをしたらいいかを含めて指示を出す

✕ なにをやったらいいかがわからない指示を出す

35 話を聞きながら自分の意見を メモしておこう

　メモする習慣は、話す力と直結します。

　人の話を聞きながらメモするときは、すべてを記録する必要はありません。メモすることに躍起になると、そこにすべてのエネルギーを費やしてしまいがちですから注意が必要です。

　耳に入ってくる言葉の全体量が10とするなら、メモは3ぐらいで十分です。

　メモする目的は、「あのときこんなことを聞いたな」と思い返すことです。思い返せるのであれば、メモは10分の3以下でもいいくらいです。

　話を聞きながらメモするとき、脳の活動領域の7割以上は、メモする以外の作業のために空けておくようにイメージします。

　相手の話をメモするだけでなく、「自分はこう思う」「自分ならこうする」ということも書き出してみます。

　会社のミーティングで上司が新しい施策について話しているとき、その内容をメモしながら「自分ならこうする」ということもメモしておきます。すると、メモすること自体が、積極的なアウト

プットを引き出すことにつながるのです。

　さらに「この場面だったら、こういう方法はどうでしょうか?」と
メモに書いた「自分ならこうする」という意見を発言すれば、自
分の頭を使って主体的に考えている姿勢が伝わります。

　このように自分の感想やコメント、疑問などを書き込むときは、
色分けするとさらに効果的です。

　私は長年、「３色ボールペン活用法」を提唱しています。３色
は次のように使い分けます。

　赤＝「非常に重要（客観）」だと思うところ
　青＝「まあ重要（客観）」だと思うところ
　緑＝「興味を抱いた、面白いと感じた（主観）」ところ

　相手の言葉は、重要度に応じて赤と青でメモし、自分の考えた
ことは緑でメモします。こうすれば、意見を求められたときにもす
ぐに答えることができます。

　○「自分ならこうする」というポイントをメモする

　✕　聞いた話を全部メモしようとする

郵 便 は が き

150-8790

130

〈受取人〉
東京都渋谷区
神宮前 6-12-17
株式会社 ダイヤモンド社
「愛読者係」行

|||||||||||·||·||··||·||||||·||·||·||||||·|·||·|··||··||·||·|||··||||

フリガナ			生年月日					男・女
お名前			T S H	年	年齢 月	歳 日生		
ご勤務先 学校名			所属・役職 学部・学年					
ご住所	〒							
自宅 ・ 勤務先	●電話　　　（　　　　　）			●FAX　　（　　　　　）				
	●eメール・アドレス							（　　　）

◆本書をご購入いただきまして、誠にありがとうございます。

本ハガキで取得させていただきますお客様の個人情報は、
以下のガイドラインに基づいて、厳重に取り扱います。

1. お客様より収集させていただいた個人情報は、より良い出版物、製品、サービスをつくるために編集の参考にさせていただきます。
2. お客様より収集させていただいた個人情報は、厳重に管理いたします。
3. お客様より収集させていただいた個人情報は、お客様の承認を得た範囲を超えて使用いたしません。
4. お客様より収集させていただいた個人情報は、お客様の許可なく当社、当社関連会社以外の第三者に開示することはありません。
5. お客様から収集させていただいた情報を統計化した情報（購読者の平均年齢など）を第三者に開示することがあります。
6. お客様から収集させていただいた個人情報は、当社の新商品・サービス等のご案内に利用させていただきます。
7. メールによる情報、雑誌・書籍・サービスのご案内などは、お客様のご請求があればすみやかに中止いたします。

◆ダイヤモンド社より、弊社および関連会社・広告主からのご案内を送付することが
あります。不要の場合は右の□に×をしてください。　　　　不要 □

① 本書をお買い上げいただいた理由は？
（新聞や雑誌で知って・タイトルにひかれて・著者や内容に興味がある　など）

② 本書についての感想、ご意見などをお聞かせください
（よかったところ、悪かったところ・タイトル・著者・カバーデザイン・価格　など）

③ 本書のなかで一番よかったところ、心に残ったひと言など

④ 最近読んで、よかった本・雑誌・記事・HPなどを教えてください

⑤ 「こんな本があったら絶対に買う」というものがありましたら（解決したい悩みや、解消したい問題など）

⑥ あなたのご意見・ご感想を、広告などの書籍のPRに使用してもよろしいですか？

1　実名で可	2　匿名で可	3　不可

※ ご協力ありがとうございました。　　　　　　　　　　　【アウトプットする力】108086●3550

第 **4** 章

書くアウトプットで
自分力を高める

原稿用紙10枚分（4000字）書くことを目指そう

この章では「書くアウトプット」の高め方についてお話ししていきます。

原稿用紙10枚分（4000字）の文章量を書けるかどうかが、1つの基準です。原稿用紙10枚分を難なくクリアできる人を「文章が書ける人」と定義しているのです。

話すことが「歩く」ことだとすると、書くことは「走る」ことと似ています。

私たちは特別な訓練をしなくても、長い距離を「歩く」ことはできますが、長い距離を「走る」となるとそうはいきません。

社会人になってからほとんど運動をしてこなかった人が、いきなり10kmを走るのは無理があります。最初はウォーキングから、もしくはほんの1kmを走るくらいのレベルから徐々に距離を伸ばしていかなくてはケガのもとです。

書くことも、走ることと同じように取り組む必要があります。

私の感覚では、原稿用紙1枚（400字）は、1kmのランニングに相当します。原稿用紙10枚は、10km走るようなイメージです。

これといった運動をしていない人が、いきなり10km走れと言われたら気後れするでしょうし、実際に完走するのも難しいでしょう。

でも、少しずつ距離を伸ばしていけば完走は時間の問題です。いつかは走ることができるようになります。まずは10kmを走り切る走力（筆力）を身につけることが肝心です。

文章を書くときも、原稿用紙1〜3枚くらいなら、トレーニングしなくてもどうにか書くことができます。しかし、10枚を書くとなると一定のトレーニングが必要となります。

　逆にいうと、書き続けていくうちに10枚書くだけの筆力が身についてきます。そうなると、書くことに自信がつき、なおかつ楽しくなってくるので、100枚の論文も書けるようになるでしょう。

　もはや10枚や20枚など短く感じられてきます。

　10枚書く感覚が身についている場合と、いない場合とを比べると、精神的な疲労度はまったく異なります。

　10枚書いたことがない人は、「いつになったら書き終わるのか」と不安に思いながら書き進めます。しかし、10枚書いた経験がある人は、必要な労力を把握しているので、ストレスは半分以下に軽減されます。

　ある公立小学校の6年生は、クラス全員が100枚の卒論を書きました。生涯、筆力に自信を持てる量です。

　1冊の本は平均的におよそ原稿用紙300枚くらいの文量ですが、1日10枚ずつ進めれば30日で書き上がる計算になります。

　始めのうちは、質を気にせずにとにかく量をこなすのがコツです。量をこなしていけば、そのうち質も向上していきます。

　まずは「量」からということを念頭に置いておきましょう。

○ **最初は質を気にせず量をこなすことを意識する**

× **質を気にしすぎて一向に筆が進まない**

37 | 書く前に人に話してみよう

文章を書くことに高いハードルを感じる人は、いきなり「書く」作業へ入る前に、「話す」というステップを入れてみましょう。

話したことをベースに、文章を組み立てていくのです。

たとえば、本を読みます。そして、その内容を友だちや家族に話してみます。その話したときの感触をもとに、情報をプラスしたりマイナスしたりします。

これが、文章を書くにあたっての"仕込みの作業"となります。

やってみるとわかりますが、2、3回人に話した内容は、スラスラと書き進めることができます。

特に、書くことにストレスを感じる人は、まずは話すという手段でアウトプットの感覚をつかみます。そうやってストレスを軽減したうえで、書くという作業に入っていけばよいのです。

あるいは、Twitterなどで「こういう本を読んだ」と、話す感覚でごく短い文章をアウトプットしてみます。その後、もう少しまとまった形でブログの記事などを発表する方法もアリです。

もちろん、実際に文章を書き始めてみると、「話したとき（Twitterで発信したとき）とは違うな」と感じる部分もあるでしょう。

しかし、いったんアウトプットをしたことで、ストレスが軽減されていることは実感できるはずです。

私も、何かまとまった文章を書こうとするとき、周りの人に「これってこう思うんだけど、どうなんだろうね」と、相談するような感

じで話すことがあります。

　話しているうちに、なんとなく書こうとする内容がまとまってきます。話しながら、ポイントをメモします。

　話す相手が、書こうとしているテーマに詳しくなくても大丈夫。むしろ、あまり知識がない立場で「それって、こういうこと?」と素直に質問してくれるほうが、書くべき内容が見えてきます。

　もともと、人と会話をしているときにアイデアが生まれるということはよくあります。話したあとに書くのは、非常に合理的な方法なのです。

○ 書く前に人に話してみて考えをまとめる

✕ 考えがまとまらないうちに書き進めてしまう

38 ｜ 新たな発見や視点を 文章にまとめよう

　読ませる文章には、新たな発見や視点が含まれています。文章の中に、書き手独自の考えが反映されると、感動を呼び起こすということです。

　人が何かを伝えたいと思うときは、自分が知らなかったことを発見し、感動したときです。その感動に突き動かされるように、文章を書こうと思うわけです。

　たとえば、映画を観て感動したとき、「面白い映画を観た」と伝えるだけでは、なんとなく消化不良で終わってしまいます。

なぜ面白いと感じたかを具体的に伝え「ぜひ映画を観てほしい!」とすすめ、感動を共有したいと思うものです。

　つまり、自分が得た新しい発見や視点を伝えることが、文章を書くうえで非常に重要なのです。

**　文章そのものの技術が多少劣っていたとしても、新たな発見や視点がある文章は、読ませる文章になります。**

　もちろん、美しい文章を書こうとする努力にも意味はあります。しかし、名文家のまねをして、やたら格調が高い文章を書こうとする必要はありません。

　いくら格調が高くても、中身に新たな発見や視点がなければ、中身のない文章になってしまいます。

**　文章自体は素朴でいいのです。素朴だけれども、読んだ人が何かしらインスパイアされる、「この視点、面白い!」と感じるような文章を目指しましょう。**

　特に現代は、文章に新たな発見や視点が求められている時代です。ブログやFacebook、Twitterなど、文章での発信が注目され、拡散されている状況があるからです。

　これは仕事で企画書を書くときも同じです。ただデータをまとめて提示するだけでは、画期的な企画は動き出しません。しかも、その手の文書作成は早々にAI(人工知能)にとって代わられてしまうはずです。

　新たな発見や視点を提示するからこそ、読む人に訴えかけ、プロジェクト始動にもつながります。これは、イノベーションを生み出すということでもあります。

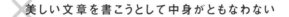

○ 「この視点、面白い!」と感じさせる文章を意識する

✕ 美しい文章を書こうとして中身がともなわない

39 質より量を優先して書いてみよう

　文章の出来・不出来については、あまり考えないようにしてください。それより大事なのは、とにかく書き始めること。しかも、まずはできるだけ多く書いてみることです。

　たとえば、あなたが子育てに興味があるなら、「面白い子育て本100冊」というタイトルでSNSで発信してみるのです。

　このときのポイントは、100冊をセレクトしてから書き始めるのではないということです。

　100冊選ぶのを待っていたら、いつまで経っても書き出せなくなります。だから、とにかく5、6冊選んだところで書き始めてしまいます。

　見切り発車でもよい、というより、見切り発車こそが理想的なスタートなのです。

　とはいえ、やはり見切り発車ですので、書いているうちに、だんだんネタに困ってくるはずです。30冊くらい紹介したところで苦しくなってきます。

　「この本、面白かったけど子育てとは無関係だな」「家にある子

育て本は30冊しかない」といった壁にぶつかり、途中でやめたくなるかもしれません。

　でも、ここが踏ん張りどころです。それでも、どうにかこうにか絞り出していくうちに、「こういう感じで続けて行けそう」というコツをつかめるようになります。

　50冊以上クリアすると、さらに気持ちがのってきます。そしてゴールが近づくころには「いや、100冊なんて少なすぎる。まだまだ紹介したい子育て本は山ほどある」と思えるようになるでしょう。

　質にとらわれず、量で勝負する発想に徹すると、いくらでもアウトプットできるようになります。それがいいのです。

　私も、今では700冊ほどの著書がありますが、最初は100冊を1つの大きな目標としていました。

　100冊を目指して本を書き続けているうちに、「あれも書きたい」「こういうテーマもある」という具合に次々とネタが生まれてきて、アウトプットに拍車がかかったのです。

　誤解を恐れずに言うと、文章は7〜8割の質を保てれば、それで上出来だと私は考えています。

　完璧に10割を目指す努力よりも、7〜8割の出来でのパフォーマンスで書く経験を積み重ねていったほうが、結果的によいアウトプットにつながると考えているからです。

　そもそも、本の質を判断するのは自分ではなく読者なのです。

　音楽の世界に目を向けると、モーツァルトやバッハなどが作曲した数は、人間わざとは思えないほどです。

　モーツァルトは700曲以上、バッハは1000曲以上を世に送り出したとされています。

彼らが今日まで名曲とされている曲を作ったのは、たくさんアウトプットすることで発想の幅を広げていったからだと思うのです。

◯ 7〜8割のパフォーマンスでどんどん書いてみる

✕ 完璧を目指してしまい前にぜんぜん進めない

40 | コピペではなく 「請け売り」をしてみよう

文章をアウトプットするとき、他人の文章をコピペして発表してはいけないということは、あらためて確認するまでもない基本中の基本です。

ところが、自分が得た情報を自分の言葉で書き直すのであれば、まったく問題はありません。要するに、「パクリはNG」だけど「請け売りはOK」ということです。

「文は人なり」という言葉があります。一度、人の脳の回路を通過して、その人の手で書かれた文章というのは、どうしたって「その人らしさ」がにじみ出ます。

私も長年にわたって大学の教員をしているので、学生1人ひとりの文体や「いかにも使いそうな言葉や言い回し」といったものをある程度把握しています。

だから、急に違和感のある言葉が使われている場合には「これは、ひょっとしたらコピペしてるんじゃないか」と気づきます。

急に語彙のレベルが上がったり、秀逸な比喩表現が登場したりするので、読んでいる途中から違和感でいっぱいになるのです。

　ずいぶん前の話ですが、そうやって学生のコピペを実際に見破った経験もあります。

　裏返せば、その人の言葉づかいやスタイルで書かれた、その人らしい文章は、もうオリジナルの文章といえるわけです。

　世の中のほとんどの表現は、請け売りの情報99％に、たった１％の自分らしさをまぶして、それがオリジナリティにつながっているとさえいえます。

　孔子は「述べて作らず（昔の聖人の言葉をもう一度言うだけ）」と言い、イエス・キリストも旧約聖書からたびたび引用しています。

　だから、ニュースで見た情報や本で読んだ知識を請け売りして発表するのは、恥ずかしいことでも何でもありません。

　面白いと思ったこと、感動したことは、どんどん発信していけばよいのです。

　もちろん、引用元を明らかにするために、カギカッコでくくって「○○○○○」（出典『△△』）などと記載する配慮は必要です。

　カッコ内には原文をそのまま表記します。引用するだけでも立派なアウトプットです。

　○　請け売りの情報を自分の言葉で書く

　✕　コピペするように情報を丸パクリする

41 | カフェで "スマホ・アウトプット" してみよう

　街中にあるカフェというのは、アウトプットに最適な空間の1つです。セルフ式のカフェがたくさんありますし、コンビニにもちょっとしたイートインスペースが増えてきました。

　もちろん、あまりに長居すると迷惑をかけてしまいますが、コーヒーを飲みながら30分とか1時間程度、アウトプットに集中するにはもってこいのスポットです。

　ほんの10分、15分でも、カフェに入ってアウトプットをする価値はあります。実際、私は10分、15分あればカフェに入ることを習慣づけています。

　セルフ式カフェで提供されるコーヒー1杯の値段は200円くらいですし、コンビニの淹れたてコーヒーなら100円くらいからあります。お金を100円、200円費やすことと、10分クリエイティブな

タイトルと最後の一文を先に打ち込み、
その間をつなぐ文章をカフェで打ち込む！

アウトプットができることとを天秤にかけたら、コストパフォーマンスが非常に高いと断言できます。

　カフェに入って、まったりとコーヒーを飲んで漠然と過ごすのではなく、周りの適度な雑音をBGM代わりにして集中します。好きな音楽をイヤホンで聴きながらでもいいです。のんびりリラックスするのなら、自宅でもできます。

　自宅とカフェを比較すると、カフェのほうが断然アウトプットに適しています。カフェでは周りに知らない人がいるので、適度な緊張感がありますし、その適度な緊張感がアウトプットするときの集中力につながりやすいのです。

　10分のアウトプットでも、塵も積もれば山となる、です。10分もあれば、インスタグラムにアップする写真に気の利いたコメントをするくらいは十分にできます。

　私は、新聞や雑誌、ウェブ媒体などからコメントを求められたとき、800〜1000字くらいであれば、カフェでスマホを使って執筆することがよくあります。

　「この文章量をスマホで書いたのですか?」と驚かれることもしばしばあります。今はスマホで本を1冊まるまる執筆してしまう書き手も登場しています。「カフェ×スマホ」というのは、忙しい現代人にはピッタリの組み合わせではないでしょうか。

　短時間で一定量の文章を書くときのコツを教えましょう。

　タイトルと、最後の「締め」として訴えたい最後の一文を先に打ち込んでおくという方法です。もうそれだけで半分くらいは完成したと思って大丈夫です。

最初と最後の文章だけ書いておいて、あとからその間をつなぐ文章を、カフェに滞在する時間に応じて埋め合わせていきます。

最長でも 1 時間経ったら終了すると決めて締め切りを設け、集中しましょう。

○ 10分、15分空いたらカフェでアウトプットする

× コーヒー代をケチってアウトプットの機会をスルー

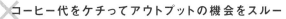

42 | 一定量&一定時間 集中して書いてみよう

書くアウトプットに最適な時間帯は、人それぞれです。

朝のほうが頭が冴えるという人は朝の時間帯を、逆に夜型の人は夜の時間帯を、それぞれのゴールデンタイムとしてください。

あるいは、ひと仕事を終えたあと、帰宅するまでの間に、カフェに入って文章を書くのもおすすめです。

働き方改革が法制化された昨今は、定時退社をする人も増えましたから、夕方のアウトプットを習慣づけるのもよい方法だと思います。

アメリカのベストセラー作家であるスティーヴン・キングは、『小説作法』（新訳版『書くことについて』）という本の中で、主に朝の時間帯を執筆にあてていることを明かしています。

原稿を書くときは、自室のドアを閉め切って、電話や来客にも

応対せず、自分で目標にした枚数を書き切るまで、ひたすら執筆に集中するといいます。

好調なときも、決められたところまで書いたら、そこであえてストップ。これも執筆を継続させるコツなのだそうです。

終了時には、翌日に書くストーリーのはじめだけを書いておく。そして、次の日は、その部分を呼び水に続きを書き始めます。

日によってムラが出ないように、一定の文字数を毎日淡々と書き続けているのです。

スティーヴン・キングにならって朝型に徹するのも、あるいは夜型にこだわるのも自由です。

いずれにしても「一定量を継続する」「一定の時間集中する」というのが、時間帯にかかわらずアウトプットを成功させる鉄則です。

特に現代人にとって、スマホは最大の"時間泥棒"となり得ます。

もちろんスマホは、仕事にもプライベートにも大変有効なツールではあります。しかし、多くの人は、せっかくまとまった自由時間があっても、LINEやFacebook、YouTubeをチェックしているうちに、なんとなく時間をやり過ごしてしまっています。

LINEなどで友人とメッセージをやりとりするだけでは、アウトプットというには物足りないものがあります。

やはりアウトプットをするときには、スティーヴン・キングのように、ひたすら集中するのが望ましいでしょう。

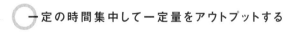
○ 一定の時間集中して一定量をアウトプットする

× YouTubeやLINEを惰性で見続ける

43 | 読書感想文は本を読みながら 仕上げてしまう

　私が通っていた静岡市の小学校では、4年生以上の学年の生徒たちが、読書をしたら必ず感想文を書くという取り組みをしていました。

　教室に読書感想文専用の原稿用紙が用意されてあったのを記憶しています。

　私は本を毎日のように読んでいましたから、毎日、読書感想文を書くことになります。続けているうちに読書感想文を書き慣れてしまい、ついには本を読み終えるやいなや、感想文を仕上げるというレベルに達しました。

　感想文は印象を強くします。私は小学校時代の感想文を今でも思い出せます。

　そんな体験をした実感からすると、「読書感想文を強要すると、子どもが読書嫌いになる。本はただ楽しく読めばいい」という意見は、一見すると正論のように聞こえますが、実際のところ違和感を覚えてしまいます。

　本はただ読むだけでも楽しいのですが、本当は読書感想文を書いたほうが、もっと読書が深いものになり、楽しくなるはずなのです。

　私は、読書感想文を書く（アウトプットする）という前提で読んだからこそ、本の中の「面白いところ」を意識的に見つけるようになりました。

　そうすることで、結果的に読んだ内容が身につくことがわかっ

て、ますます読書好きになるという好循環が生まれたのです。

読書感想文が苦手な人は、おそらく本のよいところを見つけよ うとするスイッチが入っていないだけなのです。

アウトプットを前提に読書すれば、読んだ瞬間から伝えたいこ とがどんどん生まれてきます。というより、本を読んだあとに感想 が思いつかない読書なんて、何のための読書なんだろう、と思う くらいです。

では、具体的な感想文の書き方を紹介しましょう。

まずは、本を読みながら「ここは引用しよう」という箇所にボー ルペンで線を引いておきます。

できれば、96ページで紹介したように3色ボールペンを活用す るのがベストです。

読んだあとで、1冊を通して3か所を目安に引用する文章を ピックアップします。

それと同時に、なぜ面白いと感じたのか、人に教えたいポイン トなどを余白にメモしておきます。

そうやって読み終わったあとに、引用する文章を3つに絞って 紹介します。それぞれに簡単なコメントを添えていけば、それだけ で読書感想文の完成です。

読書感想文は本を読みながら仕上げることができるのです。

○ 本を読みながら引用したい箇所に線を引く

✕ 漫然と本を読んだあとで何を書こうかと考える

44 | 物語のキーワードと現実の出来事をリンクさせよう

小説を読んだときの感想を書くときの1つの型として、物語の キーワードと現実世界の出来事をリンクさせるというテクニックが あります。

チェコに生まれた作家・カフカの『変身』という有名な小説を 例に説明しましょう。

『変身』は、ある朝目覚めると大きな虫に変身していた男と、そ の家族の関わりを描いた物語です。主人公は、虫に変身したこと で、家族や社会の中で無用な存在となってしまいます。

これは、たとえば会社でリストラに遭って自宅にこもっているお 父さん、そのお父さんを疎ましく感じる家族の姿を連想させます。

「カフカの『変身』を読んで、リストラに遭った日本の中年男性 について考えた」

そう書くだけでも、1つの感想文が成立します。

ただし、カフカの『変身』というのは、あまりに有名な作品な ので、場合によっては感想文としてのインパクトに欠けます。そこ で、もう少しマイナーなカフカの小説『断食芸人』をとり上げて みることにします。

当時のヨーロッパでは、実際に断食を見世物にする興行が行 われており、その断食を芸とする断食芸人を描いた小説です。

断食芸というのは、食べていない人をただ見るだけですから、 そもそも地味な芸です。次第に人気も低迷し、居場所を失ってい き……という悲しいストーリーです。

さて、ここで「断食芸人」というキーワードに着目すると、「ものすごいことをやっているのに、地味すぎて全然評価されない人」という解釈が浮かび上がってきます。

　カフカ自身、生前はあまり評価されていなかったので、自らを断食芸人に重ね合わせていたのかもしれません。

　そこで、断食芸人という概念を応用して、現実世界の事象とリンクさせてみます。

「浪曲師とか講談師って、あまりテレビなどで紹介されることもない。まるで『断食芸人』のように地味だけど、本当はすごい技術を持っている。たとえば〜」

「クリケットの日本代表選手はアルバイトをしながら生計を立てているらしい。世界のトップ選手は何十億も稼いでいるのに。『断食芸人』を読んで、日本のクリケットプレーヤーの境遇に似ていると感じた」

　単純に「地味な世界で頑張っている人がいる」と紹介するのもいいのですが、『断食芸人』という物語と結びつけることで、グッと知的でクリエイティブなアウトプットになります。

物語を読んだとき、まずは核となるキーワードを見つける。そして、そのキーワードに当てはまる現実世界の出来事を探してリンクさせてみる。この2つのステップを習慣づけるだけで、アウトプットのレベルをうんと上げることができるのです。

○「キーワード×現実世界」で読み手を魅了する

✕ 単純に、工夫なく、直球で感想を伝えるだけ

多作として知られる作家に、奔放な女性遍歴でも知られる19世紀のフランスの文豪・バルザックがいます。

バルザックは、生前莫大な借金を抱えながら、贅沢な生活を送った人物でもありました。とにかく、本を書かなければお金が回らないので、大変な勢いで執筆したというエピソードが残されています。

ロシアの大文豪であるドストエフスキーも、借金の多さで有名な作家です。ドストエフスキーは『賭博者』という作品があるように、賭け事が大好きで、お金を借りてはスッてしまう、ということを繰り返していました。

ときには、まだ書いていない本の原稿料をつぎ込んで、文無しになったこともあったようです。

そんなわけで、彼もまた猛烈な勢いで執筆し、『罪と罰』『カラマーゾフの兄弟』『地下室の手記』『白痴』『悪霊』などの世界的な名作を次々と発表しました。

バルザックとドストエフスキーに共通するのは、借金に追われる状況がアウトプットのモチベーションにつながったということです。面白いのは、借金に追われていたからといって作品が下品になったり質が劣ったりすることなく、むしろ世界に認められる名作を書き上げたという点です。

人間が追い詰められるとアウトプットしやすいのは、疑いようのない事実です。とはいえ、アウトプットのために借金を背負う

というのは、非現実的な選択ですし、おすすめできることでもありません。

そこで私が提唱したいのは、「締め切り」を設定するということです。確実にアウトプットしたいなら、まずは締め切りを設定することが効果的です。

私が子どもの頃は、手塚治虫や藤子不二雄などの人気漫画家が殺人的なスケジュールに追われながら、漫画誌に名作を次々と発表していました。

特に週刊誌の締め切りは大変なプレッシャーだったはずですが、締め切りがあったからこそ、毎週のように奇跡のストーリーが生まれたのでしょう。

これと同じように、たとえば毎週月曜日に必ず、SNSで「おすすめの実用書」を投稿すると宣言しておけば、日曜の夜までに書こうという締め切りが設けられます。

締め切りに関しては、私の教え子から聞いた印象深いエピソードがあります。

彼は明治大学を卒業後、学校の先生になり、生徒や保護者向けに「学級通信」を発行するようになりました。

当初は、順調に週1回ペースで発行していたのですが、やがて執筆のネタに困り、週1回ペースがつらいと感じられるようになってきました。

そこで彼はある解決策を思いついたのですが、どういうことだと思いますか？

なんと彼は、週1回の発行をやめて、毎日発行へと発行頻度を上げたのです。

さすが、機動力で勝負する明治大学の卒業生らしい発想です（笑）。結果的に、週1回のときより毎日のほうが覚悟が強まって、アイデアもわくようになり、書くことが苦にならなくなったというのです。

　実際の学級通信を見せてもらったのですが、「これは、たいしたものだね!」と声をかけたくらいの出来栄えだったことをよく覚えています。

　締め切りを設定すれば、そこから逆算して「今日は何を書こうか」「素材を集めておこう」などと、頭の中でも実際の行動でも準備するようになります。アウトプットに向けて、自然と対策を打つようになるのです。

　45ページで、私が学生たちに「毎週月曜日の午前中にエッセイを提出する」という課題を課していることをお話ししました。

　締め切りを守るために学生たちは苦労しているようですが、卒業後に話を聞くと「学生時代の思い出や考えていたことを形に残すことができたので、1年間書き続けてよかったです」と言ってくれるケースがほとんどです。

　どうしてもアウトプットに1歩踏み出せない人は、まずは締め切りを設けるところから始めてみてください。

○　締め切りを設定して自分に行動を促す

✕　頭の中でモヤモヤ考えてばかりで何も進まない

46 | よい文章を3つだけ選んで書評を書いてみよう

読書感想文や書評は、本の中から「この文章はいいな」と思った3つの文章を選んで引用すれば書けます。

本の中から選んだ3つの文章が書評全体の骨組みとなります。それに説明を補足するだけで、その本全体の魅力を表現することができるのです。

やり方は簡単です。

本を読みながら「この文章はいいな」「この部分は、著者が特に強調したい主張だな」と感じた部分に線を引いておきます。

そして、すべて読み終わったあとに、線を引いた文章の中から「ベスト3」を選びます。できれば、前半、中盤、後半からまんべんなく1つずつセレクトするとバランスがいいです。

文章を3つ選んだら、「なぜ自分がその文章を選んだのか」を説明して肉づけしていきます。それだけで、書評の体裁ができあがります。

なぜその文章を選んだのかを説明するにあたっては、前提となる状況や知識、登場人物などを説明する必要があります。それらを説明する過程で、その本の魅力について過不足なく表現できるのです。どこから3つの文章を選ぶかによって、その人の個性も表されます。

このやり方は、書評はもちろん、111ページで紹介した子どもたちの読書感想文にも応用できます。

私は以前、このシンプルな読書感想文の書き方を小学生に教

えたことがあるのですが、読書感想文に苦手意識を持っていた子でも、書くのが好きになってくれました。

　それまで原稿用紙を目の前にして、まったく鉛筆が進まなかったような子が、原稿用紙3枚くらいは難なく書けるようになったのです。

　多くの場合、子どもの読書感想文は単なる雑感になりがちです。「主人公がいろいろ活躍するところがすごいと思いました」など、ぼんやりとした感想で終わってしまいがちなのです。

　しかし、本の中から3つよかった文章を見つける（選ぶ）となると、やることが明確になり、考えて選ぶようになります。

すると、しっかりとした感想が書けるようになるのです。

　よかったところを３つ選ぶという方法は、書評以外にも、映画評、音楽評などさまざまに応用できます。ぜひ試してみてください。

○ 印象的な文章を３つ選んで書評の骨子にする

✕ 本の感想が単なる雑感にとどまってしまう

47 | 短編を５分の１に縮めて編集力を身につけよう

　読書をしたあと、面白かった文章を３つ引用するだけで書評を書くことができますし、読書スキルの高さを証明することもできます。

　この"引用力"は「編集力」とも言い換えられます。プロの作家や編集者は、この編集力にとても優れているわけです。

　では、編集力を高めるにはどうすればよいのか？

　そのためには、まずは自分が編集長になったような気分で、他人が書いた文章を客観的に見たり、直したりしてみたりするところから始めてみましょう。

「この文章、もっとこうしたほうがいいんじゃない？」

「私なら、ここはこういう表現にするけどな」

　という具合に、赤色のボールペンでチェックしてみます。

　チェックする側の立場になると、急に物事の良し悪しがクリアに見えることがあるのです。

私は、面接がうまくいかずに悩んでいる就活中の大学4年生を、大学1年生の授業に連れて行ったことがあります。そこで、1年生たちに向かって、こう呼びかけました。

「みなさんは面接官です。4年生の彼がプレゼンをするので、その内容を踏まえたうえで質問してください。その質問に対する彼の答えを聞いて、採用か不採用かを決めてください」

　1年生が上級生の4年生を評価するというイレギュラーなシチュエーションをつくったのです。最初は1年生が遠慮するかもしれないと思っていたのですが、蓋を開けたら、どんどんと積極的に質問をしていきます。

「○○の質問に対する答えは、的が外れていたので、残念ながら不採用と判断しました」

「この部分はよかったと思うので、もっとアピールしたほうがいいと思いました」

　などと、容赦のないストレートなコメントがたくさん出たのです。しかも、どの意見も的確だったことには驚きました（結果、本番では見事に採用を勝ちとりました）。

批評する側に立つ経験をすると、役割意識にスイッチが入るのか、的確に批評できるようになります。

　これは、批評される側に立っているだけでは得られない能力です。だからこそ、定期的に批評したり指摘したりする経験を自分で設けることも大切なのです。

既存の名作をかいつまんで短く仕立て直す作業も、いい訓練になります。

　たとえば、芥川龍之介の短編小説『蜘蛛の糸』を5分の1の

長さに縮めてみます。『蜘蛛の糸』は、400字詰め原稿用紙に換算すると、たった8枚弱という短編小説です。

　文章そのものを変えることなく文章の長さを5分の1に縮める。しかも、話が通じるように縮めるのです。

　もともとが文豪・芥川龍之介の文章ですから、縮めてつないでも、やっぱり面白く仕上がります。

　著作権切れの文学作品などを無料で公開しているウェブサイト『青空文庫』の原文をカットしていけば、すぐにスマホでも練習できます。

　こういう練習をしておくと、いいところをピックアップするスキルは確実に向上するはずです。

　世の中には、自分でオリジナルを生み出すのは苦手でも、編集や批評がうまいというタイプの人がいます。

　自分で洋服のデザインはできなくても、洋服のコーディネートをさせると抜群のセンスを発揮する人がいます。優れた文芸評論家でも、自ら小説を書くと売れなかったりするケースもあります。

　そういう人は、編集や批評で勝負すればよいのです。アウトプットといっても、さまざまな種類がありますし、得手・不得手があります。

　その中から自分の得意なことで勝負とするという基本を忘れないようにしてください。

○　文章そのものを変えず文章を縮めてみる

×　ただ漫然と好き嫌いだけで文章を読んで終わる

48 | メールは送る前に "つぶやき音読" してみよう

　メールは、本のタイトルのように件名を見ただけで内容を把握できるようにするのが大前提です。

　「打ち合わせの件」では何の打ち合わせなのか不明ですが、もう1歩踏み込んで「○○プロジェクト打ち合わせの件」にすれば明快です。

　後々検索することも考えて、わかりやすい固有名詞や日付を入れておくのが望ましいでしょう。

　そして、メールの本文は、端的に必要な情報を箇条書きにするといいです。

　講演の依頼であれば、「内容は○○、日時は△△、会場は□□、講演料は◎◎」という具合に列挙したうえで、「以上、ご検討いただけますでしょうか」などと締めれば明確かつコンパクトに仕上がります。

**　最初と最後の一文で丁寧な言葉遣いを意識すれば、途中は内容重視で簡潔に書くのが鉄則です。**

　ここで注意したいのは、情報にモレがないようにすることです。

　情報がモレると、問い合わせのメールが来て、それに答えるという二度手間、三度手間が生じてしまいます。

　反対に、相手が知りたいと思う情報を無難に網羅しておくと、「できる人」という印象が生まれます。

　最低限の情報にプラスして、参考になる情報のリンクを貼るのも気が利いています。

たとえば、何かの会合の案内を通知するときに、店名や住所を列記するのに加えて、お店までのアクセスのURLがリンクされていると便利です。

**　このように、相手の手間を先回りして解消するようなメールは好印象です。**

**　メールは、送信する前に、一度つぶやくように音読するようにして"つぶやき読み"をすると、誤字・脱字が防げます。**

　急いでメールを書くと、それだけタイプミスの確率は高くなります。そういうときに「誤字・脱字があるに違いない」と思って読み直すと、たいてい間違いが見つかります。

　ちょっとした誤字・脱字があるだけで、メールの文章全体に不確かな印象が生まれてしまいます。特に、個人名や数字の間違いには注意しましょう。

○ メールは端的に必要な情報を箇条書きにする

✕ メールの文章が長くて結局何を言いたいのか
　 わからない

第 **5** 章

アイデアが
どんどんわいてくる
アウトプット術

49

当事者意識を持って アイデアを生もう

　この章では、これからの時代、特に大切になるアイデアを生み出す（アウトプットする）方法についてお話ししていきます。

　あるとき、テレビを観ていたら、東アフリカのケニアでヒットしているという商品が紹介されていました。

　そのヒット商品は、水道のない地域で、水をくんで運ぶときに使う道具だといいます。以前は、大きなポリタンクを使って水をくんで、それを頭の上にのせて、長時間かけて重たい水を運んでいました。それが、その商品が登場してからは水くみが劇的にラクになり、子どもたちが学校に通う時間ができたというのです。

　さっそく私は、ある講演会で参加者に問題を出してみました。
「長年水くみに苦労していたケニアの人たちに大ヒットしているプラスチック製の商品があります。さて、どんな商品でしょう?」

　4人1組でグループをつくり、お互いにアイデアを出しながら答えをまとめてもらいました。

　すると、驚くことに、ほとんどのグループで正解（あるいは正解に近い原理）を導き出したのです。
「ローラーのような容器をゴロゴロと地面に転がしながら運ぶ」
「円柱形の容器で真ん中の穴にひもを通し転がして運ぶ」（正解）

　回転式の水を運ぶ道具であることは、ちょっと時間をかければ、ほとんどの人が思いつくのです。ということは、「回転式」というのは、そんなに画期的なアイデアではなく、必然的に導き出せるアイデアだと考えられます。

生活を一変させるようなアイデアは、それほど時間をかけなくても、今あるアイデアとアイデアをかけ合わせれば、誰でも生み出すことができるのです。

では、なぜ普段なかなかアイデアが出せないのかというと、単純にアウトプットを要求されていないからです。

今まで、「ケニアの水事情を解決する」という課題を与えられたことがないから、それについて考えた経験がなかっただけ。必要性に迫られれば、アイデアは出てくるのです。

ここでポイントとなるのは「当事者意識」です。

自分事として考える当事者意識を持っていれば、つねに「自分ならどうするだろう」と考える習慣が身につきますし、積極的に発言することにもつながります。

どれだけ知識を仕入れたとしても、当事者意識がなければ、その知識を使おうとは思いません。使わない知識はムダな知識です。

これからは傍観者ではなく、当事者になることがますます求められる時代です。

みんながアイデアを出し合わなければ、山積みの課題を解決できません。全員が当事者として問題に関わるためには、「他人事」ではなく「自分事」として物事をとらえ、積極的にアイデアを出していくことが大事なのです。

○ 「自分ならどうするだろう」と考えるクセをつける

× あくまでも「他人事」という感覚から抜けられない

50

既存のアイデアをズラして
アレンジしてみよう

アイデアを生み出す力は「アレンジする能力」と、ほぼイコールです。

言い換えると、アイデアの創造とは、既存のアイデアをちょっとズラして仕立て直す、"ズラしの技術" ともいえます。

というのも、世の中には、まったくゼロからのオリジナリティが生まれるケースは少なく、多くのアイデアは過去に成功したもののエッセンスを上手に応用することでつくられています。

人間の文化は、アレンジに次ぐアレンジを繰り返しながら培われてきたことを忘れてはいけません。

たとえば、黒澤明が監督した映画『蜘蛛巣城』は、シェイクスピアの戯曲『マクベス』を日本の戦国時代を舞台にアレンジしてつくられたものです。

だからといって、映画を観た人が『蜘蛛巣城』をパクリ作品だなどとは評しません。やはり、『蜘蛛巣城』には『マクベス』とは、また別のオリジナリティを感じるのです。

少し前に、テレビを見ていたら、ACジャパン（旧・公共広告機構）の『心臓の「叫び」』という支援キャンペーンのCMを目にしました。

これは、弁膜症という心臓の病気について注意喚起を促すものであり、動悸や息切れなどの症状を感じたら、かかりつけの病院で検査を受けてほしいというメッセージを伝えています。

「ACジャパンによる心臓病の注意喚起」。こう書かれると、ちょっと退屈そうに思えます。

しかし、実際のCMで、弁膜症の疑いがある人として登場したのは、なんとムンクの名画『叫び』のモチーフとなっている人物。お笑い芸人・アンガールズの田中卓志さんによるナレーションもユーモラスで、暗くなりがちなトーンを救っています。

CMをつくった人の才能に、私は思わず拍手してしまいました。

このCMでは、ムンクの『叫び』という既存の芸術を流用していますが、『心臓の「叫び」』として病気の注意喚起と結びつけたところにオリジナリティを感じます。

世の中に、アレンジのタネは無数に転がっています。

同じ業界で、同じアイデアを流用した場合は「二番煎じ」と言われてしまいますが、別の業界でちょっとズラしてアレンジしたものを出せば、斬新なアイデアとして評価される可能性が高いです。

だから100%の新しさにこだわらず、勇気を持って既存のアイデアをズラしてアレンジすればよいのです。

街を歩いたり、本を読んだりテレビを観たりしているとき、何か面白いと感じるものがあったら、それを自分の仕事でアレンジできないかと自分事として考えてみましょう。

ふと思いついた組み合わせが化学反応を起こし、自分でもびっくりするようなアイデアが生まれることもあります。

○ すでにあるアイデアにひと工夫して別のオリジナルを生み出す

✕ 完全なオリジナルを生み出そうとして何もできない

51 | "ダメもと"でアイデアを たくさん出してみよう

　本当に活気がある組織は、相手を否定せず「ダメもとで発言する」というスタンスが徹底しています。

　自由な雰囲気の中で、みんなが過剰なくらいアイデアを出し合い、そこから活発に議論しながら使えるアイデアに洗練させていくのです。

　私は、かれこれ15年以上、NHK・Eテレの子ども番組『にほんごであそぼ』に、総合指導として携わっています。

　毎年、ある時期にさしかかると「来年度の番組づくり」をテーマに企画会議を行うのですが、会議が始まるやいなや、参加者全員から次々とアイデアが飛び出します。

　何十ものアイデアの中から採用されるのは、わずか1割程度なのですが、とにかく大量にアイデアを出し合うのです。

　アイデアが1つ出ると、そこから「こういうのはどう?」「こうしたらもっとよくないですか?」と議論が白熱し、最終的に「これだ!」というゴールに行き着きます。

　最初は実現不可能なアイデアでもかまいません。そこから、よりローコスト・ローリスクなアイデアを探っていきます。

　コストとリスクのバランスのよいアイデアが出れば、必ず「やってみよう」「これならできる」という合意を得ることができます。

　こうしたコストとリスクのバランスのよいアイデアは、必ず何かに触発されて生まれてくるのです。

　私自身アイデア出しをしますが、採用に至らないこともあります。それでも、「先生のアイデアは採用に至りませんでしたが、あの一言があったおかげで、こういう結論がまとまりました。ありがとうございました」などと感謝されると、まんざらでもない気持ちになります。

「たたき台になれて光栄です」という殊勝なコメントが自然と出てくるのです。

　実は、この企画会議には「第2ラウンド」があります。会議終了後、食事会が行われるのですが、そこでの約2時間も、参加者たちがずっとアイデアを出し続けるのが恒例となっています。

　『明治おいしい牛乳』のパッケージなどを手がけたデザイナーの佐藤卓さんも番組に携わっていますが、佐藤さんと私でアイデアを出し合うと、食事を口にするのも忘れて、もう延々と止まらなくなります。

　お互いに触発し触発されると、クリエイティブ思考のスイッチが入り、アイデア出しが楽しくて仕方なくなります。こういう場ができれば、もうそのプロジェクトは成功したも同然です。

　上司や先輩の決めつけや思い込みで、若い人たちの自由闊達（かったつ）な意見に否定的なコメントを出す場面がよくあります。そういうことが繰り返されては、アイデアを出しにくくなるだけです。

　しかし、無意識に相手を否定してしまっている人も多いですから、注意しましょう。

○ 思いついたアイデアをどんどん言い合う

× 周りに気兼ねして意見があっても黙ったまま

52 | 提案は必ず3つ出してみよう

　私は、出版社の編集者から「何か新しい本の企画はないでしょうか?」と尋ねられることがあります。そのときは、日ごろから温めているアイデアの中から、出版社の特性や編集者が求める企画イメージに応じて企画を3つ提案しています。

　「先生はどんな本を書きたいですか?」と聞かれたとしても、単純に自分がやりたいことが通用するわけではありません。どんなに私が書きたくても、編集者が本にしたくなければ企画として成立しないので、それを除いて考えます。

　企画を3つ提案すると、たいてい1つくらいは面白そうだと思ってもらえます。結果的に、かなりの高確率で企画が成立し、著作の出版に至ってきたように思います。

　とにかく3つの案を出すというのが重要なポイントです。

　これは、会社の会議でアイデアを出すときも同じです。漠然と「新商品のアイデアを出す」となると、なかなか思いつかないものですが、「今、話題になりやすい3つの方向性はなんだろう」と考えると、アイデアが出やすくなります。

　アイデアが1つだけだと、努力も感じられにくいですし、よいか悪いかの判断で終わってしまいます。しかし、案を3つ提示すると、頑張って考えたという印象を与えることができますし、「どれか1つは実現できるかも」という期待も感じさせます。

　案を3つ出すと、比較検討することもでき「この中の2つを組み合わせたらもっとよくなるかも」「こういう方向はどうだろう」な

ど、議論が発展しやすくもなります。

○ アイデアはいつも3つ出す

✕ アイデアは練りに練った1つだけ

53 「関数」から新しいアイデアを生もう

私は、企画やアイデアは「関数」だと思っています。

関数は、「y＝f(x)」で表されます。fは作用で、xに代入する数に応じてyの値が導き出されます。

こう言うと、ちょっと難しく感じたかもしれませんが、実はとてもシンプルなことです。

「何かを入れると、変換されて何かが出てくる」という法則性に焦点を当てるのが関数という考え方であり、これはアイデアを考えるときに使えます。

数学が苦手で「関数」という言葉を聞いただけで拒絶反応を示す方がいらっしゃるかもしれませんが、こう考えれば恐れるに足りません。

fを「ボックス化」と考えます。そして、ボックス化することで成功した例を集めてみるのです。

この方法で過去に成功したアイデアを分析してみましょう。

たとえば、xに「歌」を入れたら、ボックス化（歌）＝カラオケ

133

ボックスとなります。

　私が子どものころは、カラオケはスナックや観光バスの車内で歌うものでした。つまり、他の人が聴いている前で歌うのが前提になっていたのです。

　歌が上手い人は、みんなに聴いてもらえて楽しいでしょうが、知らない他人の歌を聴き続けなければなりませんし、拍手もしなければなりませんから、不自由な部分もたくさんありました。

　そこで誕生した画期的なアイデアが、カラオケボックスです。

　今の若い人たちは、カラオケボックスとカラオケが最初からセットだったように考えていますが、それは違います。

　カラオケボックスは画期的な大発明なのです。

　関数を応用してアイデアを生み出すために、ボックス化で成功しているものをさらに挙げてみましょう。

　xに「野球」を入れたら、ボックス化（野球）＝バッティングセンターになります。

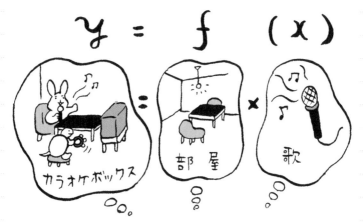

「関数」の考え方で新しいアイデアをアウトプットしよう！

xに「居酒屋」を入れたら、ボックス化（居酒屋）＝個室居酒屋になります。「宇宙」を入れたら、ボックス化（宇宙）＝プラネタリウムになります。

こういう練習を繰り返していると、関数の考え方を使ってインスパイアされやすくなります。つまり、いろいろなものを変換させて新しいものをつくっていけるようになるのです。

○ 今あるものにアイデアをかけ合わせて画期的な
　創造をする

× ゼロに何かをかけ合わせてもゼロのまま

54 ｜ 上機嫌で アイデアを生みやすくしよう

人は、1人でいるときよりも、複数人のほうが上機嫌になりやすい性質があります。

「複数人のほうが上機嫌になりやすい」とは、誰かと仕事をしたときに、お互いに盛り上げ合うということです。

たとえば、職場で会議をするとき、1人がアイデアを出したら「おー、すごいね！」などと積極的に褒める。もっと積極的に、周りが拍手して盛り上げると、なおよいでしょう。

拍手して盛り上げるのは、一種独特の雰囲気で、最初は照れが入るかもしれません。でも、これを習慣づけて自然にできるようにすると、みんなのテンションも上がりますし、アイデアが止まらなくなります。

アイデアを出すというのは、サッカーでいえば、ゴールを決めるようなものです。サッカーでゴールを決めたとき、チームメイトが周りに寄ってきて、派手に喜び合うのを目にしたことがあると思います。

　あのイメージで喜び合って、盛り上がってみましょう。

　何かのトラブルを解決するのも、会社の利益を上げるのも、すべての根源はアイデアです。私は、これを「論よりアイデア」と言っていますが、アイデアが出たら質を問わずに、まずは祝福すべきなのです。

　特に、アイデア出しが苦手なタイプの人は、チーム内で人一倍盛り上げ役に徹しましょう。

「今のアイデア、いいですね!」

「○○さんのアイデアでやりましょうよ!　私にやらせてください」

　こんなふうに、率先して盛り上げ役に回るのです。

　私がセミナーで4人1組でアイデア出しをしてもらうときには、こう言います。

「4人の中には、不幸にしてアイデアがあまり出ない方もいらっしゃると思います。その人は、ひたすら場を盛り上げてください」

　ポイントは、惜しまず拍手することです。

　アイデアの出にくい人が暗そうに振る舞っていると、チームの士気も下がります。アイデアが出なくても盛り上げ役に徹している人がいれば、みんなも納得しますし、チームも活気づきます。

　複数人で上機嫌になるのは、トラブル対応のときも同じです。

　チームのメンバーがバラバラに仕事をしていると、誰かがトラブルを抱えても周りに相談しにくくなります。

結果として、みんながそれぞれカリカリしながら孤独に仕事を続け、チームも冷たい雰囲気に包まれます。

　ここで、気軽に相談し合えるとしたら、どうなるでしょう。

「あの、今、〇〇の件で困っているんだけど、どうしたらいいかな?」

「あー、それなら、こんなふうにしたほうがいいんじゃない?」

「なるほど、そういう方法もあるのね。ありがとう!」

**　こんな具合に、知恵を出し合ってすぐに上機嫌になれる関係をつくっておけば、大きなミスを防ぐこともできますし、経験値が高い人の知恵をチームで共有することもできるようになります。**

○　アイデアが出たら拍手して場を盛り上げる

×　シーンとして活気のない環境で話し合う

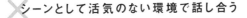

55 | メモをアイデアの母体にしよう

　古今東西の発明家に共通するのは、"メモ魔"だということです。

　たとえば、「発明王」とも呼ばれるトーマス・エジソンは、思いついたことを何から何までメモしていたそうです。今でも残されているエジソンのメモは、ノート数千冊分にも及び、いまだに整理しきれていないといわれます。

　モナリザなどの名画を描いたほか、科学など幅広い分野でも才能を発揮したレオナルド・ダ・ヴィンチも有名なメモ魔でした。

手記には、ヘリコプターや戦車のアイデアやデッサン、人生論に至るまで、あらゆることが書き記されています。

アインシュタインもメモ魔でした。乳母車を揺らしながらもメモしました。そういった事例を見ると、メモがクリエイティブなアウトプットに直結していることが、容易に想像できます。

メモはアウトプットの母体、「メモ力＝アウトプット力」ともいえます。

まずは、メモに必要な道具をつねに持ち歩き、何か思いついたら即、書き留める習慣をつけましょう。もちろん、手書きではなくスマホでメモしてもいいです。

あとでまとめて書こうと思っても、他のことをやっているうちに忘れてしまうのがオチです。

「思いついたら、その場でメモ」これが基本です。

メモはあらゆる場所でできます。私は真っ暗な映画館で映画を観ながら、スクリーンに反射する明かりを頼りに、手帳にメモをした経験があります。

映画の内容に刺激を受けてアイデアが思いつくことがあるので、忘れないようにその場で記録しておくのです。

道具は、手帳や小さめのノートなど、好みに応じて選んでください。手書きなら、３色ボールペンで適度に色分けしながらメモをとると、変化が生まれて脳も活性化します。

私の場合は、普通の白い紙よりも、裏紙（資料などの裏側）のほうがリラックスしてアイデアが生まれやすい実感があります。

たとえば、あまり発言を求められないような定例会議に参加するとき。会議の内容をきちんと聞きつつも、ふとした瞬間にいい

アイデアが頭の中に浮かぶことがあります。

　そんなときには、会議資料の裏紙に書き留めることがあります。あとで、そのアイデアを見返して深めるのです。もちろん会議の内容にもよりますが、忙しい社会人には、このくらいの並行作業は許されてよいのではないでしょうか。

　あるいは、資料の表面に手書きでメモを書き加えていくのもクリエイティブな作業といえます。

　たとえばお医者さんが患者さんに「健康のしおり」を渡すとき、大切なところに線を引いて「これだけは続けてくださいね」と手書きで書くとしましょう。それを患者さんが見たら感激しますし、助言を受け入れて続けようとも思うはずです。

　既存の印刷物でも、手書きのメモを加えるだけで、オリジナルの印刷物になるのです。この仕組みを応用して、いろいろな資料をどんどん自分のオリジナルに変えていきましょう。

　私は手書きでメモするだけでなく、スマホのメモアプリも積極的に活用しています。メモを書きためた末に、それを編集して短い原稿に仕立て上げることもしばしばあります。

　スマホのほうが使いやすいという人は、スマホのメモアプリを積極的に活用するとよいでしょう。

○ アイデアを思いついたらその場でメモする

× 頭で覚えておこうと思って結局忘れてしまう

　相手が求めるアウトプットをするために、まず必要なのは、相手のリクエストを先に確認しておくことです。

　たとえば、私がコミュニケーションをテーマにした企業の講演依頼を引き受けた場合、まずは"コミュニケーションの定義"について明確にしておきます。

　「会社のコミュニケーションといっても、営業のような社外のコミュニケーションもあれば、社内のコミュニケーションもありますが、今回の講演テーマはどちらのイメージでしょうか?」

　このように事前にリクエストを明確にしておけば、講演の内容が的外れになるのを防げるのです。

　確認の仕方にもポイントがあります。

　「何かご希望はありますか?」と漠然とした聞き方だと「特にありません、お任せします」などと返される可能性があります。こういうケースに限って、実際にアウトプットしたあとになって「やっぱりイメージと違った」となりかねません。

　そこで、ここでも「3つ」の選択肢を用意して尋ねます。

　「A、B、Cでいうと、どのイメージが近いでしょうか?」

　「対象年齢でいうと若者向けでしょうか、中年でしょうか、それとも高齢者向けでしょうか?」

　こんなふうに3つの具体的な選択肢を提示して、相手に選んでもらうとミスマッチを回避できます。

私はクリエイティブディレクターの佐藤可士和さんと対談本を出版したことがあるのですが、佐藤さんも似たような話をしていました。

　過去に相手のリクエストを確認しないまま仕事を進め、すべての作業がムダになった経験を踏まえ、それ以降は、相手のリクエストを明確にしてから仕事に着手しているとのことでした。

相手のリクエストを確認するときのもう1つのポイントは、「絶対NG」を聞いておくことです。「これだけはやめてほしい」ということを明らかにする。つまり、地雷を避けるということです。

「政治的な話はNG」「下ネタはNG」など、NGの内容もさまざまです。昨今は、不用意なアウトプットが炎上騒ぎになる恐れもありますから、くれぐれも注意しましょう。

〇 **目的を明確にしてからアウトプット**

✕ **漠然としたテーマのままアウトプット**

第 **6** 章

ひとつ上の
心を揺さぶる
アウトプット

　自分のアウトプットが周りの人に褒められたとき、あなたはどうしていますか?

　よかれと思って謙遜しないほうがいいです。「そんなことないですよ」などという謙遜は、相手を否定しているともいえます。

　謙遜するのがクセになると、周りの人もなんとなく褒めるのが面倒になってきます。

　褒められたときには素直に受け入れて、「ありがとうございます」「励みになります」「自信になります」と答えたほうがいいのです。

　周りの人にアドバイスをもらった場合は、すぐに実践してみる。それだけでなく、その人に結果を報告しましょう。

　私が大学で学生にさまざまなアドバイスをして、その結果を学生から報告してもらうと嬉しくなります。そして、アドバイスするモチベーションも高まります。

　以前、学生たちに「今から1週間、人を褒めまくる生活をしてみよう」とアドバイスしたところ、その後、嬉しい報告をしてくれました。

　「先生、褒め続ける生活をしてみたら、希望するバイトの面接に合格しました」

　「褒めまくったら、なんだかモテました!」

　このように、実践してどうなったかを伝えるのがポイントです。

　特に、自分からアドバイスや情報を求めたときは、必ず結果を報告する責任があります。

「面白い映画を教えてください」と尋ねて、何か映画のタイトルを教えてもらったとしましょう。

1か月後に同じ人に会ったとき、その映画の話題が出なかったとすると、映画を教えてくれた人はどのような気持ちになるでしょうか?

面白い映画を尋ねたからには、すぐに鑑賞し、「先日、紹介していただいた映画、○○なところが面白かったですね」などと、ちょっとした感想とともに返すのが礼儀です。

とにかく、フィードバックを心がける。

フィードバックを心がけていれば、自分もたくさんのフィードバックをもらえるようになります。

○ なにかアドバイスをしてもらったら結果を報告する

× 本や映画を紹介してもらってもスルーしてしまう

58 │ 20冊読んだら 「専門家」を名乗ってみよう

ある分野について本を20冊以上読めば、自分はその分野に詳しい専門家であると断言してしまってOKです。

実際、文化系の分野に限っていえば、その程度の知識があるだけで、世の中のたいていの人より詳しくなれます。

私は、特に詳しくない分野についての講演を依頼されることもありますが、そんなときは依頼を受けてから講演当日までに最低

20冊くらいの本を読みます。そうすると、とても詳しくなります。

　以前、「佐賀の七賢人について佐賀県民向けに講演をしてください」というオファーを受けました。

　佐賀の七賢人とは、幕末から明治期にかけて活躍した佐賀出身者7人のこと。その7人とは、鍋島直正、大隈重信、江藤新平、副島種臣、佐野常民、島義勇、大木喬任です。

「静岡県出身の私が、佐賀県民に向かって、佐賀の七賢人について話すの?」

　そう一瞬たじろぎましたが、意を決してオファーを受けました。

　一見すると難題に思えることでも、意を決してアウトプットの機会をつくることが、最高のインプットにつながるからです。

　送られてきた資料や関連書を20冊くらい読むことで、案の定、佐賀の七賢人について詳しくなり、語りたいことがあふれてきました。

　当日は、専門家とシンポジウムも行いましたが、何の不自由も感じないほど熱く語ることができました。一般的には知られていない「副島種臣の若い頃」についてなど、マニアックな会話も楽しんだのです。

　文化系の知識は、本を読み込みさえすれば、どんな人にも門戸は開かれています。

　難しそうな印象の「哲学」でも、『図解でわかる哲学』『哲学超入門』といった初心者向けの本がたくさん刊行されています。

　そういった入門書からスタートして20冊も読めば、「カントはだいたいこういう考え方を述べていたんだな」などとわかるようになります。そのうえで、できれば哲学者たちの原著にチャレンジ

してみれば、もう鬼に金棒です。

　ところで、朝日新聞によると、佐賀市民のうち七賢人を全員知っていた割合は10.2％だったそうです。一方で、まったく名前が挙がらない人は25.4％もいました。

　佐賀県民だからといって、皆が佐賀の七賢人について特別詳しいわけではないということですが、これは他の分野でも似たり寄ったりではないでしょうか。

　だから、その分野の関連書を20冊読んだら、堂々と専門家を自称していいのです。まず専門家を自称して、そこから専門家であるために勉強を深めていくくらいでちょうどいいです。

○ ハードルが高いアウトプットの機会を最高の
　インプットにつなげる
× 「自分には無理だ」とやる前から諦めて
　せっかくの成長のチャンスを逃す

59 ｜ 自分が住む街を アウトプットしてみよう

　自宅の近所を歩いていて、新しくお店がオープンしているのを目にしたとき、こんなふうに思ったことはありませんか？
「あれ、この店の前は何屋さんだったっけ？」
　毎日必ず往復している商店街でも、どんな店がどんな順に並んでいるか、あらためて聞かれるとあやふやになってしまいます。
　要するに、ちゃんと見ているようで、きちんと見ていないのです。

私が教えている明治大学は、東京都千代田区の神田駿河台にあり、古書店街として有名な神田神保町のすぐ近くです。

　そこで、学生たちに神保町の魅力を認識してもらうため、「神保町忍者部隊」と称して、フィールドワークに取り組んでもらっています。

　その授業の冒頭で、私は学生たちにこう言います。

「この大学のよさの１つは、神保町が目の前にあるということです。神保町が世界でもまれに見る古書店街であるのは、皆さんもご存じですね。では、皆さんは神保町をどのくらい知っているでしょうか？　これからグループをつくって、神保町を歩いてもらうことにします。１時間後に戻ってきたら、得てきた情報をまとめて、１つのストーリーをつくって発表してください」

　学生たちは、その瞬間から真剣に神保町を意識します。くまなく神保町を歩きながら、ストーリーになりそうなネタを拾ってきます。まさに、神保町という街がテキストになるわけです。

　実際、神保町は情報が詰まったネタの宝庫です。リサーチから帰ってきた学生たちは、期待を超える面白いストーリーをつくって披露します。

　そんな経験をすると、神保町で見聞きした出来事がしっかりと記憶に定着するのです。

　10年ぶりに出会った教え子から「あのとき神保町で浮世絵専門店の店主からお話を聞いたのが忘れられません」といった感想を聞くこともあります。

**　行動してアウトプットした情報は身につきやすいのです。**

このようにして、自分が住んでいる街を題材にアウトプットの機会をつくると、街を見る目が変わってきます。

たとえば、ブログやFacebookで「この街でおすすめのスポットベスト10」などと銘打って、ランキング形式で紹介する記事をつくってみます。

すると、自分が行ったことがある場所について思い出すだけでなく、行ったことのないお店に行ってみようと考えたり、あるいは地域の知人からおすすめスポットを聞いたりするといった行動をとるようになります。

記事を読んだ人からのリアクションが、さらに記事を書いていくモチベーションになったりもします。

言ってみれば、さまざまな街を具体的に紹介するテレビ東京のバラエティ番組『出没!アド街ック天国』を1人で制作するようなもの。テレビのディレクターになったつもりで真剣に街と向き合います。

その努力は「この街をもっとよくするにはどうすればいいのか?」という次の問いへとつながるかもしれません。

その先には、近所の人と取り組む地域貢献や、市町村議選挙への立候補という道だってあるかもしれません。

いずれにしても、日常的なものほど見落としていることがよくあります。アウトプットの機会を設けることで、あらためてじっくり観察してみて損はないでしょう。

○ 自宅や職場の周辺をあらためて見直してみる

✕ 灯台下暗しで日常のためになる情報を見落とす

60 あなたが"文化の伝道師"になってみよう

　たとえば、ある本の感想をFacebookやTwitterで発信して、誰か1人でも反応して、自分が紹介した本を「読みたい」と思ってくれたなら、それはとても幸せな体験になります。

　1人でも影響を与えることができた時点で、"文化の伝道師"としての役割を立派に果たしています。

　人間には、誰かに影響を与えたいという本能的な欲求があります。1人でも影響を受けてくれたら、それをモチベーションにアウトプットを続けることもできます。

　何千人、何万人を熱狂させるようなアーティストも、意識のうえでは最初の聴き手になってくれた1人に向けて歌い続けているという人もいるのではないでしょうか。

　文化の伝道師であるという自覚を持てば、誰にも注目されていないことにも温かい目を向け、前向きにアウトプットできるようにもなります。

　まだ知名度の低い若手芸人に注目し、「この人、面白いですよ」と発信し続けるファンがいます。

　発信しているうちに、本当にその芸人さんがブレイクして、慧眼（けいがん）のある人として一目置かれるというのも、誇らしい経験です。

　芸人さんが鳴かず飛ばずのまま引退してしまったとしても、その芸人さんを応援していた日々は、ある種の文化を育てていた記憶としてポジティブに受け止められると思うのです。

150

「私の周りの数人にしか理解してもらえなかったけど、やっぱりあの芸人さんは面白かったな。ああいう芸人さんがいたということを記録として残せただけでも満足だ」

そう思えるはず。文化というものは、それを「面白い」「伝えたい」と思ってくれる人がいるからこそ続いていくものです。

現に、かつては盛んだった文化でも、時代の中で廃れてしまうケースはたくさんあります。

ですから、何かをよいと感じたら、自分こそがその文化の伝道師であるという意識で発信してもらいたいのです。

○ 1人にでもいいから文化的影響を与えることをモチベーションにする

× 自分の使命なんて考えず情報発信もしない

61 | 伝えることを意識して旅をしてみよう

ちょっと大げさなくらいに「自分は文化の伝道師である」という意識を持つと、なんとなく使命感のようなものが生まれてきます。

文化の伝道師としての使命感を持つと、たとえば旅行に行くときにも、「この土地の魅力をみんなに伝えたい」という意識を抱きつつ行動するようになります。

旅先でたまたま立ち寄った書店で、その土地の郷土史やご当地作家の本を見つけたら、とりあえず買ってみる。そして、「旅先で、こういう本と出会いました」とSNSなどで発信する。

すると、その土地の魅力を伝える伝道師としてのアウトプットになるだけでなく、旅行の思い出としても記録されます。

　旅先で出会った文化に惚れ込み、それが自分の仕事になる可能性さえあります。

　たとえばインドネシアを旅行して、伝統的なテキスタイル（ろうけつ染めの布）に心を奪われ、自分でコレクションし始め、やがてそれだけでは飽き足らず評論家になり、輸入品を販売するようになったという人もいます。

　このように国内外の文化の一部は、「これをみんなに知ってほしい」と思ってアウトプットした人たちによって、私たちに伝わっているともいえるのです。

　私は、毎日のように「アサイー」という南米原産のヤシ科の果物のジュースを愛飲しています。

　アサイーの実には抗酸化力のある「ポリフェノール」がとても多く含まれており、最近では健康食品として日本でも知られるようになっています。

　こうしたものも、もとを正せば「これは美味しいうえに、健康にもいいですよ！」とアウトプットした人によって伝わったわけです。

　それまでも南米を旅行した人は大勢いて、アサイーに接した人もたくさんいたはずです。しかし、その多くは何の関心も持たずにスルーするか、身近な友人に「こういうものがあったよ」と話すくらいでした。

　でも、誰かが「これを日本の人に伝えたい」と情熱を持って行動したからこそ、日本でも広まるようになったのです。

旅行先で出会ったことを仕事やお金に結びつけなさい、と言いたいのではありません。

　ただ、旅行をしたとき、誰かに語りたくなるような文化に出会える"感性"を持っておくことは大切です。

　そうした感性を持っているかどうかが、アウトプットの成否に大きくかかわってくるからです。

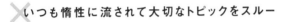

○ どんなときもアウトプットのアンテナを立てておく

× いつも惰性に流されて大切なトピックをスルー

62 | 落語と漫才のツッコミで ユーモアセンスを磨こう

　ユーモア（笑い）は、話すときにとても大切な要素です。

　欧米、特にアメリカでは、ジョークは人と人とを結びつける貴重な潤滑油とされていますし、気の利いたジョークを発する人は尊敬の目で見られます。

　日本では、お笑い番組がたくさんありますし、お笑い芸人さんのスキルも高いと思うのですが、日常的な会話で笑いをとっている人に対するリスペクトが足りなさすぎます。

　そもそも日本人の会話には、ジョークの数が少ないのです。

　私は、テレビなどでは比較的穏やかに話をしている印象があるかもしれませんが、講演会ではひたすら笑いをとらないと満足できないタイプです。

聴き手がクールすぎるときは、いったん講演をやめて爆笑の練習をしていただくほど、笑いを重視しています。

　そんな私が、笑い（ユーモア）を身につけるうえで、まずお伝えしたいことがあります。
　それは、端的に言って、笑いの神に愛されている人と、愛されていない人の2種類のタイプがいるという事実です。
　笑いの神に愛されているとは、どういうことか？
　何か面白いことを言って笑ってもらえる能力というのは当然ですが、もっとわかりやすいのは"スベったとき"です。
　笑いの神に愛されている人は、スベったときにかえって笑いが起きます。面白いことを言っても、スベっても、笑ってもらえる。もう無敵ですね。
　一方、笑いの神に愛されていない人は、スベったときの場の空気が、スベったのとイコールに寒い状況になってしまいます。なんとも痛々しいのです。
　笑いの神に愛されるかどうかは、なかば持って生まれた運やセンスで決まってしまうようなところもあるので、愛されていない人は無理をしないほうが賢明です。

　だからといって、笑いをあきらめなくても大丈夫なのです。
　笑いが不得意な人に、とっておきの方法が2つあります。
　1つは「落語」を聴くことです。落語家さんの話し方をまねすると、やわらかく、ふんわりした面白い雰囲気のしゃべり方になります。
　たとえ、話の内容に面白さがなくても、しゃべり方がやわらかくなると、なぜか笑いが起きそうな雰囲気が生まれます。

この雰囲気を身につけると、話すときの「間」がよくなるのです。

　かつて私は、話すときのスピードが速すぎて、面白いことを言ったと思ってもまったく笑いが起きないことがありました。

　そこで講演をするときには、その前日に五代目古今亭志ん生の落語（愛用しているソニー『ウォークマン』に多数音源を入れています）を聴いておきます。

　すると、名人に影響されて、話の間やテンポがよくなり、笑ってもらいやすくなるのです。

　もう1つのワザは、ツッコミ芸を身につけることです。笑いの神に愛されていない人がボケると、スベったときに目が当てられなくなります。ですから、ボケはあきらめてツッコミに徹するのです。

　関西の芸人さんから、ボケとツッコミについて、次のような話を聞いたことがあります。

　「大阪ではボケた瞬間にお客さんが笑ってくれますが、東京ではツッコミが入ってから笑ってくれます。東京のお客さんはクールな

落語家の話し方を真似して、やわらかい雰囲気を出してみよう

せいか、ツッコミが入ったときに『そうだよねー』というふうに感情がほどけて笑うんです」

ツッコミは、特別面白いことを言わなくても、間違いやズレを指摘するだけで、みんなの笑いを起こすことができます。

常識的で、みんなが思っていることを一言で指摘する。これは的確な理性と知性があればできるはずです。

テレビを観ていると、マツコデラックスさんや有吉弘行さんが、絶妙なツッコミをして笑いを起こす場面をたびたび目にします。こういうプロのツッコミをテレビで吸収して、ちょっとまねしてみるのもよいですね。

○ ユーモアのセンスがない人はツッコミの路線に徹する

× 笑いの神に愛されていないのに笑いをとろうと挑戦

63 身体を少し温かめにして上機嫌にしよう

見た目や態度は、温度という基準でいうと「少し温かめ」に設定しておくといいです。日本酒でいえば、「ぬる燗」くらいでしょうか。

現代人、特に都会に暮らす人たちの温度は、少し低めの印象を受けます。実際の体温も低くなっているという話を聞いたことがあります。

私自身、東京を離れて地方に行くと、それを強く実感します。

たとえば、沖縄で講演会をすると、ちょっとしたジョークでもみんなが爆笑してくれるのです。

　私は、同じジョークが地方によってどう受け止められるのかという現地調査を行ったのですが、ダントツでウケるのが沖縄なのです。冒頭で「どうも、斎藤工です」と挨拶するだけで笑いが起きるので、その後の話が非常にしやすくなります。

　それに比べて、都内で金融関係の営業職の方々を対象に講演（テーマはコミュニケーション力）したときには、正反対のリアクションだったことがあります。第一声で「どうも、斎藤工です」と挨拶したところ、微妙な空気になってしまったのです。

　しかし、私はそんなことではへこたれません。講演を中断して、聴衆の方々にこう語りかけました。

「みなさん、講師が明らかなジョークを言っているのに笑わないというのは、講師に恥をかかせることだと思いませんか？　こちらが手を出して握手をしようとしているときに、手を出さずに無視しているのと一緒です。しかも、今日のテーマはコミュニケーション力。そんな無意味なまじめさなんて不要です。では、もう1回最初から挨拶を始めますよ。よろしくお願いしますね」

　それはともかく、大事なのは笑いやすい体、ほぐれた体にしておくということです。

**　ほぐれた体をイメージするとき、映画『男はつらいよ』シリーズを観ると非常に参考になります。この映画に出てくる登場人物は、みんな現代人よりちょっとだけ上機嫌で温かみを感じるのです。**

　普段から冗談を言って笑い合うような上機嫌な体を保っておくと、会話も弾みますし、いいアイデアも生まれやすくなります。

軽くジャンプしながら息を吐き、体を意識的にほぐしておく。あるいは、手を動かしながら話すというのも上機嫌な体づくりにつながります。ぜひ、試してみてください。

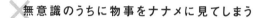

○ 上機嫌でいるように自分のコンディションを意識する

✕ 無意識のうちに物事をナナメに見てしまう

64 夢や目標は短期と長期に分けてアウトプットしよう

夢や目標は、「公言」するからこそ、達成に向かって努力できるという側面があります。

具体的な夢や目標を掲げると、いい意味でプレッシャーがかかります。また、公言することによって周囲の人たちから応援してもらえる可能性も生まれます。

その意味では、夢や目標というのもアウトプットの一種といえます。公言するときは、長期的な目標と短期的な目標の2つに分けて発信するといいです。

たとえば、「有名俳優になりたい」というのは壮大な目標ですが、周りの人からは「まあ、そういう夢を持つのはいいけどね」くらいに思われるのが関の山です。

けれども、「有名俳優になりたい」という長期的な目標に続けて、次のような短期目標を提示されたらどうでしょうか。

「演技のレッスンを受講するのと並行して、○○や△△などの

オーディションに応募します。□□年までチャレンジして、ダメだったときには実家の家業を継ぎます」

現実的で、地に足がついた感じがしますね。「それなら、一生懸命頑張ってね！」と素直に応援できると思います。

このように、短期的な目標を設定しながら夢に向かいつつ、適切に軌道修正できるかどうかが重要です。

現実的な話ばかりではつまらないかもしれませんが、かといって現実味に欠けているのも漠然としすぎていて困りものです。やはり、短期的な目標と長期的な目標の両面から、理解を得ていくのが理想的でしょう。

大きな目標は、年齢によって周囲の受け止め方が変わってくるものです。

10代や20代前半の若者なら「ビッグになりたい」「世界に影響を与えたい」などと語ってもある程度許されますが、30代や40代になっても同じことを言い続けていたら、「大丈夫か？」「もうちょっとまじめに考えたほうがいいよ」という気持ちにもなります。

もちろん、何歳になっても大きな夢を持つことは大事です。しかし、年齢相応に、夢にできること・できないことが出てくることは、心に留めておいたほうがいいです。

○ 長期的な夢と短期的な目標の2段構えで公言する

× ただただ壮大な夢を掲げる

第 **7** 章

毎日できる
アウトプット勉強法

65 | アウトプット勉強法を身につけよう

　勉強がうまくいくかどうかは、才能やセンスよりも「真剣さ」で決まります。

　「頭がいい」と言われている人でも、真剣に取り組まなければ、勉強したことは身につきません。

　逆に言うと、真剣に勉強すれば、勉強した内容はきちんと身につくものです。これは、数多くの大学生を指導してきた私が常々実感しているところです。

　真剣に勉強するうえで必要なのもアウトプットです。学んだ内容をすぐに自分の言葉でアウトプットすることで、確実に定着します。

　私は授業の冒頭で「このあと無作為に5人ほど前に出てもらい、私の話を要約してもらいます」と宣言することがよくあるのですが、その瞬間から学生たちがグッと集中するのがわかります。

　江戸時代の教育現場では、「素読」というアウトプット勉強法が当たり前のように実践されていました。

　当時は、中国の孔子の教えを起源とする思想である儒教が、幕府の学問として採用され、子どもたちが通う寺子屋などでも教養として教えられていました。

　そこでは、先生が読んだ文章を、子どもたちが後について復唱していました。頭で覚えるというより、自然と口に出せるようになるまで、体を使ってアウトプットを繰り返していたのです。

　日本人として初めてノーベル物理学賞を受賞した湯川秀樹博士も、素読教育に親しんだことで知られています。

幼いころ、儒学者であった祖父から「四書五経」などで素読の訓練をたたき込まれた結果、漢字に慣れ、大人の本も抵抗なく読めるようになったと回想しています。

　ところが、今の日本ではアウトプットがやや後回しにされている感があります。国語や英語の授業などでは、生徒の1人が指名されて声を出して読むというシーンは見かけます。

　しかし、残りの数十人の生徒にはアウトプットが求められないので、どうしても真剣味は薄れてしまいます。

　1人でもアウトプットすればまだよいほうで、授業中ずっと先生の板書をノートに書き写しているような授業も珍しくはありません。

　本来は、身につけた知識をすぐに実践しなければ身につきません。

　それは、テニスのレッスンを受けている生徒が、先生のお手本を見ているだけで、実際にラケットを振らないのと同じです。

　私はテニスのコーチをしていたことがありますが、現実にそんなテニススクールが存在したら、すぐに生徒が集まらなくなるはずです。

　先生から技術を教えてもらったら、実際に生徒が打ってみて、身についているかどうかを確認する。こういう当たり前の学び方を、あらゆる勉強に適用する必要があるのです。

◯　インプットしたことをその場でアウトプットしてみる

✕　ただ受け身のままで指導されているだけ

66 | 2人1組でアウトプットを チェックし合おう

アウトプットを使った勉強をするときには、2人1組のユニットをつくるのが理想的です。

1人で声に出して勉強する方法でもかまわないのですが、どうしても照れてしまい、集中できない人もいます。声に出すなら、聞き手がいたほうがやりやすいのです。

具体的な方法として私がおすすめしているのは、10分を目安にするやり方です。

まずは同じ本の一部をお互いに7分で読み込みます。

そして、1人は2分でキーワードをまとめ、1分で口に出してアウトプットします。

もう1人は聞き手になって本を見ながら、相手のアウトプットが的確かどうかをチェックします。これをお互いに繰り返します。

私自身、高校時代から、この勉強法を実践していました。

友人と同じ本を読み、アウトプットし合う時間をつくっていたのです。その友だちとは同じ大学に進み、同じ大学院で学びましたから、足かけ10年にわたってアウトプット勉強法を続けました。

お互いにアウトプットすると、知識が不確かなところも確認できますし、何より勉強するモチベーションが高まり、成果を発表できるという充実感も得られます。

この方法は、聞き手にまわっているときには、あまり勉強にならないような印象がありますが、実際にやってみると聞き手のほうも想像以上に勉強になります。

相手のアウトプットの間違いや不足を指摘するからには、自分も十分に理解しておく必要があります。

相手のアウトプットを踏まえて、自分がアウトプットする番では、「もっと充実した内容にしなければ！」という、ほどよいプレッシャーがかかります。

お互いに適度な緊張感を得ながら勉強するのですから、身につくスピードも相当速くなります。

私も、授業で2人1組の勉強スタイルをとり入れるようになってから、学生たちの勉強の定着度が確実に高まったのを実感しています。

一方で、学生全員にアウトプットしてもらい、私1人が聞き手になるときもあります。

この場合、全員のアウトプットを聞いて、その内容を判断するわけではなく、とにかくアウトプットしてもらうこと自体に狙いがあります。

2人1組でアウトプット力を高める！

なぜなら、たとえ聞き手が話の内容を評価しなくても、アウトプットするだけで、話し手自身が理解度を深められるからです。

　それが証拠に、一度アウトプットしたあとに、再びテキストを読みなおす時間をつくって、再度アウトプットしてもらうと、ほぼ全員が1回目よりはるかに濃い内容となります。

○ 誰かに自分のアウトプットを聞いてもらう

✕ 誰かに聞いてもらうのを恥ずかしがって躊躇する

67 3つのキーワードで説明してみよう

　2人1組のアウトプット勉強法を紹介しましたが、本を読んでアウトプットするまでの工程を整理しておきましょう。

　まず、題材とする本は何でもいいです（ジャンルも問いません）。

　本を読むときには、96ページで紹介した「3色ボールペン」を使います。

　「最重要」と思う文章には赤、「まあ重要」と思う文章には青、「面白い」と感じた文章には緑で線を引いたり、キーワードを丸で囲んだりします。

　まずは赤（最重要）と青（まあ重要）を中心に線を引きつつひと通り読み終え、赤と青の中から緑（面白い）を選んで囲むほうがスムーズかもしれません。

文章やキーワードをチェックしたら、その中から３つ選んで、それらをつなげてストーリーを構築します。

　重要な文章やキーワードさえ外さなければ、ある程度文脈を自分でつくっても、学んだ内容から大きくずれる心配はありません。本に書いてあった内容を、そつなく再現できるようになるのです。

　では、もっと具体的に解説してみましょう。たとえば、DNAに関する本を読んで、誰かに説明するケースです。

「DNAは遺伝子です。親子関係を証明するとき、DNA検査などを行いますよね。親子で遺伝子を受け継いでいるということです」

　これだけでは、なんだか心もとない説明ですね。

「DNAは遺伝子です。ワトソンとクリックという人がDNAの構造を解明して、ノーベル賞を受賞しました」

「ワトソンとクリック」というキーワードが１つ出ましたが、やはり物足りなさが残ります。

「DNAは遺伝子です。『四つの塩基』というのがあって、遺伝情報はたった４つの塩基の配列で決まっています。しかも、その組み合わせが『二重らせん構造』という図式で示されていて、その構造を発表した『ワトソンとクリック』はノーベル賞を受賞しました」

　どうでしょうか？

　最終的に『四つの塩基』『二重らせん構造』『ワトソンとクリック』という３つのキーワードが提示されたことで、アウトプットがそれらしくなりました。

　これはあくまでキーワードをベースとした簡単な例ですが、３つのキーワードをもとに組み立てるという基本は同じです。あと

は、いかに文脈を肉づけしていくかだけです。

　勉強した内容をアウトプットするときには「キーワードでクオリティが決まる」ことを頭に入れておくようにしましょう。

○ 3つのキーワードをもとにアウトプットを組み立てる

× 1つのキーワードだけを軸にしてアウトプットを
　組み立てようとする

68 ┃ 人に教えて
知識をどんどん身につけよう

　よく言われることですが、知識を確実に身につけるベストな方法の1つが、「人に教える」ということです。

　先ほど紹介した2人1組のアウトプット勉強法は、まさに人に教える勉強法です。

　人に教えると自分の記憶にも定着します。だからこそ、教えるというのは重要なアウトプットの手段なのです。

　私の教え子である教職課程の大学生も、教育実習で中高生を相手に授業すると、一気にその教科が得意になることがあります。

　以前、日本史を専攻している学生が、教育実習の直前になって、科目変更で地理を教えることになったケースもありました。

　その学生は、日本史で大学を受験していますから、高校の授業で学んで以来、地理の勉強はまったくしていない状況です。当然、地理が得意なわけでも、知識が豊富なわけでもありません。

それでも、教育実習を成功させなければいけませんから、必死で準備しました。必死でインプットして準備し、授業でアウトプットすると、地理の知識がみるみる身につき、結果的に「日本史よりも得意」と実感するほどになったのです。

　勉強ができるようになりたければ、授業を受けることよりも、自分で授業をしたほうがはるかに効果的ともいえます。

　人に教えるときの第一のコツは、「重要なポイントを手短に伝える」ということです。

　教え下手な人にありがちなのが、情報を羅列してしまうケースです。あれこれ言いたくなる気持ちはよくわかるのですが、情報を羅列すると、教えられるほうは混乱しがちなのです。

　ですから、教えたいポイントが100くらいあったとしても、それを3つくらいに絞り込んで伝えることが大切です。

　「大切なポイントは、○○と△△と□□の3つです。これだけ頭に入れておけば、大丈夫です」

　このように、最初の15秒で大事なポイントをおさえておくだけで、「この人は教えるのがうまそう」「この人が言うことなら理解できそう」という雰囲気が出ます。最初にポイントが整理されるので、聞くほうにも受け入れ体制が整いやすくなります。

　ホワイトボードなどを使って、ポイントを明記しておくのも有効です。

　「大事なのはA、B、Cの3点。Aは○○についてであり、Bは△△について、Cは□□について表しています。全体をまとめると◎◎ということになります」

　こういうふうに言われると、断然理解しやすくなります。

ポイントを絞ったうえで、相手に確認することも重要です。つまり、自分が教えたり、やって見せたりするだけでなく、相手がアウトプットするチャンスをつくるといいのです。

　繰り返しになりますが、アウトプットすることで、物事を深く理解できるようになります。

　かつて連合艦隊司令長官の山本五十六（いそろく）は「やってみせ、言って聞かせて、させてみせ、褒めてやらねば、人は動かじ」と言いましたが、まさにそうです。

　アウトプットしてもらい、うまくできたらきちんと褒める。これが最も理解されやすい教え方です。

○　ポイントを3つに絞って人に教える

×　情報を羅列してペラペラと喋るだけ

69 | その場でアウトプットして 忘れないようにしよう

　「エビングハウスの忘却曲線」という有名な研究があります。

　これはドイツの心理学者であるヘルマン・エビングハウスが提唱したもの。人は記憶した知識について20分後に42％、1時間後に56％、9時間後に64％、1日後に74％忘れてしまうとされています。

　忘却のスピードの速さには驚くばかりですが、これを食い止める方法が1つだけあります。その場でアウトプットすることです。

同じ話を２回繰り返せば、１か月後にも思い出す確率が高まります。３回繰り返したら、１年後にも思い出せるかもしれません。

　これは、昔話を得意とするおじいちゃんやおばあちゃん、職場の大先輩を思い浮かべると納得できるはずです。同じエピソードを繰り返す人は、その話題が身体にしみこんでいます。

　あれは「昔の話をよく覚えている」のではなくて、「何度もアウトプットした話はよく覚えている」という理屈なのです。

　この原理を応用したものが、164ページで紹介した２人１組のアウトプット勉強法なのです。

　先ほど紹介したのは本を読んでの方法ですが、その応用編として、こんな授業をすることもあります。

　私が10分話したあとに、学生が２人１組になって、今聞いたばかりの内容を１分ずつアウトプットするというものです。

　１人が発言しているのを、もう１人がチェックしながら聞き、あとで「ここは素晴らしかったね」「この情報があるとよかったね」などとフィードバックします。２人で協力しながらアウトプットを完成させるのです。

　授業中にこれを繰り返していたら、教えてもらった内容を完全に記憶できます。前述のように私自身、この勉強法を中学生のときからずっと続けてきました。

　中間・期末試験の前などは、友だちとお互いの家を行き来しながら、「１人が話すのをもう１人が教科書を見ながらチェックする」という勉強を交代で繰り返していたのです。

　あるいは英語の参考書を１行ずつ訳し合いながら、１冊読み切るような方法にもチャレンジしました。

それを高校まで継続した結果、その後、2人は東大に合格し、2人とも大学の教員になったのです。

　今思い出しても、この勉強法は快適で楽しい作業でした。というのも、自分の話を聞いてもらうのはストレス発散にもなりますし、友人と2人でやると楽しい共同作業になるからです。

　ちょうど、テニスのラリーやキャッチボールを続けているとテンションが上がるのと似ています。楽しくアウトプットを繰り返すわけですから、記憶に残るのも当然です。

　手で書いて覚える方法もありますが、もっと手軽なのは口に出して覚えること。「話して覚える」という方法は、手軽でありながら最強の記憶術になるのです。

○ 見たり聞いたりしたことはその場ですぐに
　アウトプットする

× インプットしただけで覚えた気になる

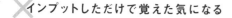

70 | こまめにテストして アウトプット力を高めよう

　何年か前、私は講演会場の道案内について、女性の職員さんから電話による説明を受けたことがありました。

「ああ、わかりました。それでは当日よろしくお願いします」
と電話を切ろうとしたら、その女性がこう言いました。

「恐れ入りますが、念のため、今お伝えした道順を復唱していた

だけますか?」

これには思わず意表をつかれました。

正直に言うと、私は彼女の説明を適当に聞き流していましたし、道案内の復唱を求められたのは、後にも先にもこのときだけです。

私は、彼女からテストを出題されたのです。

「え!? あ、はぁ……。ええと、○○駅の北口でしたっけ?……そこから右側に向かって2つ目の信号のところを左折して、ええと、そこから……」

案の定、途中でしどろもどろになってしまいました。

適当に聞いていてもなんとかなる。私がそう高をくくれるくらいの方向感覚の持ち主かというと、けっしてそんなことはなく、どちらかといえば方向音痴の部類に入ると思います。

ここで「わかったつもり」で済ましていたら、講演当日は確実に道に迷っていたことでしょう。道順を教えてもらった直後に復唱できないくらいですから、当日に思い出せるはずがありません。

そんな私を、彼女は優しくフォローしてくれました。

「それでは、もう一度最初からご説明しますね。まずは〜」

今度は道順をきちんとメモしながら聞いたので、幸いにも道に迷わずに済みました。

この経験から、私はテストの重要性を再認識しました。

受験勉強などは、わかりやすい好例です。受験勉強をするとき、ただ教科書や参考書を読んでいるだけでは、どうしても勉強した内容が定着しません。

一方で、過去問を解いたり、模擬試験を受けたりして、習熟度を試す機会を設けていた人のほうが、学力を向上させやすいの

は確かです。

　テストのメリットには、「テストに向けて緊張感をもってインプットできる」「改善点を見つけることができる」「目標に対する到達度が明確になる」などがあります。

　大人になると、学生時代よりテストを受ける機会は少なくなります。しかし、意識的にテストの機会を設けることはできます。
「友人に話を聞いてもらって、わかりやすさを評価してもらう」
「SNSに書評をアップして、反響の大きさを確認する」
など、セルフテストの手段はたくさんあります。
　別に、テストでうまくいかなくても日常生活に支障はありませんから遠慮は無用です。アウトプットは、今の自分の実力を試す貴重な機会といえるのです。

○ 説明してもらったことを繰り返してみる

✕ 人の説明をなんとなく聞いてわかったつもりになる

71 ┃ 英語もアウトプットで 上達しよう

　英語などの語学も、アウトプットすることで格段に上達します。
　私は英語で論文を書いたこともありますが、英文を書いてみると、ただ読んでいるときよりも文法に気をつけるようになり、しっかりとした英語を使えるようになりました。

「話す」ことに関しても、テキストをただ「読む」だけの勉強法をやめて、ひたすらしゃべりまくるのが上達への一番の近道です。

　話す場合は、間違いを恐れないというのが１つのポイントです。

　私の知り合いの中国人は、来日して間もないのに驚くほど流ちょうな日本語を話します。

「どうして、そんなに日本語が上手なの?」と質問したら、「よくしゃべる、よく間違える、よく笑う、の３つを守っているだけですよ」と答えていたのが印象的でした。

　間違えても気にせずたくさんしゃべって、しかも、間違えたら自分に爆笑する。そんなふうにしていたら、いつの間にか語学をマスターしていた、というわけです。

　知り合いのイラン人にいたっては、来日３か月で日本語を使いながら普通に仕事をこなしていました。その人は、母国ではほとんど日本語にふれたことがなく、来日してから日本語を勉強し始めたそうです。

　どうやって勉強したのか聞いたところ、次のように答えてくれました。

「とにかく日本人が口にしている言葉をまねしてしゃべるのが一番。テレビを観て『知らない言葉』『いい言葉』を耳にしたら、全部メモしておいて、すぐに自分でも使うようにしています」

　ただテレビを観るのではなく、「テレビから使える日本語を探す」というスタンスで観ると、たくさんの日本語を身につけられるというのです。

　これは、普段テレビを漫然と観ている人には、耳の痛い話ではないでしょうか。２か国語放送の番組を、「使える言葉を探そう」とメモしながら観ている日本人がどれくらいいるでしょうか。

日本でも外国でも、子どもたちは、知らない言葉を見聞きしたときに、1人でその言葉をブツブツとつぶやくことがよくあります。

実は、「つぶやき」という行為を通じて、アウトプットしながら記憶しているのです。

おそらく本能的に、つぶやくと覚えられることを知っているのでしょう。

しかし、大人になると、新しい言葉を見聞きしたときにつぶやいて記憶しようとする人はほとんどいません。だから、なかなか覚えられないのです。

英語の会話力を身につけたいなら、とにかく知らない言葉を最低3回以上つぶやいてみましょう。つぶやいたら実践で使う。しかも、執拗に使ってみるのが理想です。

○ 語学は知らない言葉を3回以上繰り返す

× 使える言葉を耳にしてもスルーしてしまう

72 | 英会話上達は「聞き役」をつくろう

人は、誰かが話を聞いてくれていると思うと、話したいという気持ちが強くなる生き物です。そのため、聞き役がいることで、アウトプットのモチベーションがわいてくるのです。

ギリシア神話に登場する伝説の都市・トロイアを発掘したシュリーマンは、『古代への情熱』という著書に、ギリシャ語を学ん

だときのエピソードをつづっています。

それによるとシュリーマンは、ギリシャ語を習得するにあたってアルバイトを雇ったといいます。

そのアルバイトからギリシャ語を教えてもらった、と考えるのが普通ですが、違うのです。シュリーマンは、自分が覚えたギリシャ語の物語を話し、アルバイトがそれを聞く。つまり、アルバイトは単なる聞き役だったのです。

資産家として有名なシュリーマンらしいエピソードではありますが、勉強法としてとても理にかなっていると思います。

英会話学校では、講師の先生が一方的に話すのを聞くというパターンがよくあります。これでは、自分で話す力が一向に身につかなくなります。

だったら、むしろ聞き手にひたすら自分の話す英語を聞いてもらったほうが、よほど英会話のスキルは向上するはずです。

私は、英語教師を目指す学生たちのクラスを受け持っており、2人1組で「好きなモノ」をテーマに、お互いに英語で話し続けてもらう時間を設けています。

最初は日本人相手に英語で話すのを気恥ずかしく感じる生徒も多いのですが、取り組んでいるうちに、恥ずかしがらずに英語で話し続けられるようになってきます。

近畿大学でも似たような取り組みを行っていると聞いたことがあります。近大には「英語村」というものがあり、そこに参加する人は料理教室、ダンスの練習、ゲームやおしゃべりなど、さまざまな遊びに興じます。

ユニークなのは、そこで交わされる会話のすべてが「英語」だ

ということ。遊びながら英語力を高めようということなのです。

　とにかく英語で話し、英語を聞いてもらえる場をつくる。そこにゲーム感覚で参加すれば、いつの間にか英語力が向上するということが日常的に起こります。

　ポイントとなるのは、聞き手の存在なのです。聞き手さえいれば、わざわざお金を払って英会話学校に通わなくても、英語を上達させることができます。

○ 家族でも友人でも聞いてもらう人をつくる

✕ 日本人同士で英語を話すことを恥ずかしがる

73 | スキマ時間にインプットしよう

　本書では、インプットとアウトプットの割合を1対9とアウトプットを最優先させることを提唱していますが、インプットの方法そのものをコンパクトにするという視点も有効です。

要するに、インプットはスキマ時間に済ませてしまえばよいのです。

　電車で移動するちょっとした時間にパラ読みしたいなら、新書や文庫などがおすすめです。特に、名言集や短編集などは、スキマ時間にサッと読み切ることができます。

　もちろん、紙の本でなくても、スマホやタブレット端末で電子書籍を読むのもいいでしょう（私自身もよく読んでいます）。

　たとえば、友人と待ち合わせした場所に向かう途中、SF作家・

星新一さんのショートショートの作品を1つ読んでおきます。そして、友だちに会うやいなや、読んだばかりのストーリーについて話してみます。

「さっき、ここに向かう電車の中で、面白い短編小説を読んだんだ。ある村に、突然巨大な穴ができて、それが底が見えないくらい深いんだよ。村の人たちがどうしたものかと思っていたら、利権屋がやってきて廃棄場をつくってしまった。で、その穴に原子炉のゴミとか機密書類とか、ゴミというゴミを捨てるようになり、みんな穴に頼りながら生活するようになったわけだ。そんなある日～」

これは有名な『おーい　でてこーい』という作品のあらすじです。

ネタバレしないようにオチは伏せましたが、短い作品ですので要約も簡単です。友人に興味を持ってもらえれば、そこから会話が弾み、楽しいおしゃべりが続くかもしれません。

芸術家・岡本太郎さんのエッセーは、もうどこを切りとっても"ザ・岡本太郎"という感じで、スキマ時間との相性は抜群です。

岡本太郎さんの本は、どこから読んでも、一瞬で独特なワールドに引きずり込まれます。

いい意味で金太郎アメのように、どこを切りとっても「ビビるな」「チャレンジしろ」といった岡本さんらしいメッセージにあふれています。

たった2ページ読んだだけでも、電車を降りた瞬間に、友人に語りたくなること間違いなしです。

「やっぱり人生チャレンジしないとね。すごいよ、岡本太郎!」

こんなふうに脈絡もなく話しかけたら、友人は「どうしたんだ?」

といぶかしむかもしれません。でも、一言「いや、今電車の中で本を読んでいたんだ」と言えば大丈夫です。

　アウトプットしておけば、読んだ内容が頭の中に定着しますから、ほかにも家族に話をしたりSNSに投稿したりと、活用の余地は広がります。

たった数ページを読んでどこまでアウトプットできるのか。ぜひ、いろいろな本で試してみてください。

○ **移動時間にインプットしてすぐにアウトプットする**

× **移動時間は頭を休ませてばかりでインプットする意識がない**

74 ストップウオッチで 書く時間を計ろう

　10分、15分といったスキマ時間を有効活用するために、時間を確認する習慣をつけましょう。

　107ページで紹介したように、カフェで原稿や企画をまとめる場合、腕時計やスマホのタイマーをセッティングして、テーブルのうえにおき、時間の経過が瞬時に把握できるようにセッティングしておきます。

　終了時刻から逆算して「あと10分……あと5分」という具合に自分を追い込みながらアウトプットします。

　この締め切り効果によって生産性が大きく上がります。

私自身は、ストップウオッチを活用しています。

「この原稿は15分で書こう」と決めたら、ストップウオッチを押すと同時に執筆作業にとりかかります。

15分という枠組みの中で、執筆する内容の密度を上げることに専念するのです。具体的には10分くらいで書いて、残り5分で見直すような時間配分で進めます。

あるいは、時間制限を設けずに、「とにかく書評を1本書き上げる」と決めてストップウオッチを押す場合もあります。

書き上げてからストップウオッチの時間を見て、「1時間以上やっていたんだ」と自分の努力を数値的に実感します。

かかった時間をその都度記録する習慣をつけると、自然と書評を書くスピードがアップしていきます。単純にストップウオッチで時間を計って記録するだけでも、速くなるのです。

人間は、一度時間を提示されると、その時間を縮めようとする意識が働きやすいです。だから、ストップウオッチで時間を計るだけで、書くスピードも上がっていくのです。

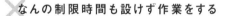

○ 書く作業をするときは時間を計りながらやる

✕ なんの制限時間も設けず作業をする

第 **8** 章

自 分 を
ブ ラ ン ド 化 す る
ア ウ ト プ ッ ト

75 | フォロワー数やいいね!は気にしないようにしよう

　SNSでアウトプットする人にとって、モチベーションの指標となるのが、閲覧数やフォロワー数、「いいね!」などに代表される定量的な反響の大きさでしょう。

　「誰かが見てくれた」「感想を伝えてくれた」となれば、当然、発信する意欲もわきます。

　ただし、私自身はSNSの発信について「数を意識しすぎないほうがいい」と考えています。

　ビジネス上の広告効果を狙って発信するのであれば、反響の大きさが重要なのはよくわかります。

　SNSを使って、商品をアピールしたい、サービスを知ってもらいたい、ファンを増やしたいなら、反響が大きいほうがいいに決まっています。

　企業広告であれば、反響が大きくなることで、株価が上がるなどの効果も期待できるでしょう。

　しかし、もっと単純に自分の考えをアウトプットする場合、それほど数にこだわらなくてもいいのではないでしょうか。

　たとえば信頼できる友人が3人くらいいて、その人たちが自分の考えに耳を傾けてくれ、「それって素晴らしい考えだね」「面白い話だね」と言ってくれるなら、もうそれで十分ではないかと思うのです。

　そもそも信頼できる3人の友人を相手にしたときのほうが、自分らしい、いいアウトプットができます。

「信頼できる友人が面白いと言ってくれるのだから、自信を持っていい」と確信できるからです。

　一方で、反響の大きさばかり気にしていると、「これは多くの人に受けるかな」「これを言うと否定的な人がいるかも」などと気をつかうばかりで、思うように発言ができなくなります。

　しかも、絶えずアウトプットしなければならないというプレッシャーに押しつぶされてしまう可能性もあります。

　結果として、ネタ切れ状態で過去のアウトプットを水で薄めたような投稿を繰り返したり、過激な投稿で炎上したりといった事例が後を絶ちません。

　あるYouTuberが、次のように語っていました。
「再生回数やチャンネル登録数を増やしたがっている人の投稿は、あまり面白くないんです。純粋に自分が夢中になっている姿を見せている人のほうが人気が出やすい」

　また、私はあるときたまたま目にしたインタビュー記事で、歌手の中島美嘉さんが「もし私の歌で心が癒されるといってくれる人が1人でもいるなら歌い続けたい」と語っているのを目にしました。

　現実に聴き手が1人になってしまったら、プロのアーティストとしては成立しませんが、それだけの覚悟で歌っているという想いがひしひしと伝わってきます。

　反響の大きさは、あくまでも結果としてもたらされるもの。反響の大きさを目的にするのは本末転倒です。

　反響の少なさを嘆く必要はありません。反響を気にしなくなるだけで健全になり、ストレスがだいぶ軽減されるはずです。

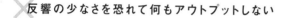

○ 少数の反響でも気にせずアウトプットし続ける

× 反響の少なさを恐れて何もアウトプットしない

76 | 自分自身が楽しめる範囲で 評価してもらおう

「反響の大きさは気にしなくていい」とお伝えしたばかりですが、そうはいっても本当に価値があるアウトプットは、"どこかの誰かが評価してくれる"ということはあります。

アゴタ・クリストフという作家が書いた『悪童日記』という小説があります。世界的な大ベストセラーであり、映画化もされた有名な作品です。

『悪童日記』は彼女が初めて執筆した小説なのですが、まだ無名の作家だったので、パリの3つの文芸系出版社に郵送で送りつけたというエピソードが残されています。

数週間後、そのうちの2社から出版を断る返事が届きました。無名の作家の持ち込みですから、返事があっただけでもよしとすべき、といったところでしょうか。

ところが、残る1社から吉報が届きました。この作品を修正せずに出版することを決めたというのです。

このエピソードは、2つの重要な教訓を私たちに教えてくれています。

1つは、プロであっても、アウトプットの価値を見抜けないことがあるということ。そしてもう1つは、そうはいっても、よいアウトプットを評価してくれる人は現れるということ。まさに「捨てる神あれば拾う神あり」です。

今はインターネットを通じて自分のアウトプットを全世界に向けて発信できる時代です。

1986年刊の『悪童日記』の時代と比較すれば、アウトプットできる手段は格段に広がり、認められる可能性ははるかに高いといえます。

特に今の時代は、いい情報も悪い情報も、口コミであっという間に拡散するという特徴があります。

Twitterのフォロワーの多い人が、ひと言つぶやけば、一気に数千・数万人に広がることも珍しくありません。

私も、人気ブロガーが好意的に紹介してくださったおかげで、著書の増刷が決まったという経験があります。

広告で「この本面白い」と宣伝されるより、自分が好きなブロガーが利害関係のないニュートラルな立場から「この本いいよ!」と紹介してくれたほうが、「読みたい」という気持ちが刺激されるのでしょう。

184ページでは、「まず信頼できる3人の友人に向けてアウトプットしよう」とお話ししました。最初は3人であっても、その友人たちからさらに支持者が広がっていけば、アウトプットの大きな励みとなります。

ところが、ここで「もっと大きな反響がほしい」「このアウトプットをお金に換えたい」と欲張ってしまったら上手くいかないことがほとんどでしょう。

あくまでも自分自身が楽しめる範囲で、周りの人に喜んでもら
うのがポイントです。

　　それが誰かの目にとまって商業出版への道が開かれる、専門
家としてメディアからオファーが来る、といったときには、素直に
受け入れればよいのです。

○　**アウトプットの拡散力は小さいところから育てていく**

✕　**最初から金儲けを狙ってアウトプットして**
　　そっぽを向かれる

77 ｜ 実名でポジティブな 発信をしよう

　　SNSで発信する場合は、実名で投稿しましょう。
　　「実名で投稿して炎上トラブルなどに巻き込まれるのは怖い」と
いった心配はわかります。

　　現実に、トラブルに巻き込まれて個人情報をさらされ、被害を
受けている人がいることも知っています。そうしたことは由々しき
問題だと思います。

　　しかし、そういったリスクを回避しつつ、やはり実名で投稿す
ることに意味があると思うのです。

　　実名での投稿には、責任がともないます。責任がともなうぶん
だけ、真剣度も信頼度も増します。そこに意味があるのです。

　　実名で投稿するとなると、うかつなことは言えません。たとえ

ば、ある本を読んで批判的な感想を持ったとき、匿名なら好き勝手に悪口を書けるかもしれません。でも、実名となると慎重になるでしょう。

批判するにしても、よほどの根拠に基づかなければ厳しい反論を受けますし、本人からクレームがくる可能性もあります。

テレビのワイドショーで殺人事件について報道しているとき、コメンテーターが大した根拠もなく「この人が犯人じゃないですか？間違いないですね」などと発言したら大問題になりますし、何らかの責任をとらざるを得なくなるはずです。

責任がとれないような匿名での発言は、大人としての発言ではなく、誠実さに欠けると言われても仕方がないのです。

インターネットの世界では、匿名性という盾の中に隠れて、責任感のないアウトプットが垂れ流されている現状があります。

自分と異なる主張の持ち主を根拠のないデマで中傷したり、ウソの情報でみんなの不安をいたずらに煽ったりするケースさえ見受けられます。

こうした言論は、端的にいうと卑怯なことです。卑怯な言論の、いったいどこに共感すればよいというのでしょうか。

本書の読者には、実名で責任のあるポジティブなアウトプットをしていただきたいです。責任のあるアウトプットには、必ずその発言を支える論拠がなければいけません。

論拠のしっかりした発言を続けていくと、SNSという言論空間での信用が１つずつ積み重なっていきます。

「この人の褒めたものは間違いない」「この人が言うなら試してみたい」と賛同する人が増えていくということです。

そうやってネット社会で人気者になる人もたくさんいます。誠実にアウトプットする人を、見ている人はちゃんと見ているのです。

○ SNSでは実名でポジティブな発言に徹する

✕ 匿名で罵詈雑言を並べ立てネットに投稿する

78 | ネガティブな批評は 黙って通りすぎよう

SNSでアウトプットするときには、ポジティブな内容にすることが望ましいです。

「この本、面白いよ」「この選手ってすごい」「この映画に感動しました」などと褒め称えるのが基本です。

ポジティブな感情から発するポジティブなアウトプットは、受け手の気持ちをポジティブにさせます。送り手も受け手も上機嫌になれば、「もっと発信したい」「もっと読みたい」という好循環も生まれます。

もちろん、本を読んだり映画を観たりしたあと、「面白くなかった」「ちょっと共感できないな」と感じることはあります。だからといって、わざわざ声高にネガティブな批評を発信しなくてもいいのです。

けなすのではなく、ただ黙って通りすぎるだけでいい。反応するのは、あくまでもポジティブに感動したときだけでいいのです。

何かを批判すると、それに関わる当事者の反感を買うだけでなく、その周りにいる友人や家族、ファンまでも不愉快にさせることになります。

不毛な争いを避けたいのなら、黙っておくのが一番です。

自分が推している対象を持ち上げたいがために、何かを否定するというのも感心しない手法です。

たとえば、ネット上で見たケースですが、純粋に乃木坂46を応援しているぶんにはいいのですが、乃木坂46を応援するために欅坂46を罵倒するというのは、マナー違反です。

かつて王貞治さんがインタビューで長嶋茂雄さんとつねに比較されて語られることを困惑気味に語っていました。

王さんは、長嶋さんのことを賞賛に値する大スターであることを認めたうえで、長嶋さんの陽と比較して自分を陰であるかのように扱うのは不本意であるとおっしゃっていました。

まったくその通りだと思います。

長嶋さんを評価するときに、王さんを引き合いに出す必要はありません。逆もまたしかりです。

何かを評価するときに、何か近くにあるものを比較しておとしめるようなことはするべきではないのです。

友だちと雑談しているときに、「私は、○○よりも△△のほうが断然好き」と言うのはかまいません。けれども、それと公の場でのアウトプットは別物です。

SNS上のアウトプットは、全世界に届く公式発言です。

プライベートな自室という空間で書いていると気が緩んでしまいがちですが、自分の発信に責任がともなうことをきちんと自覚しましょう。

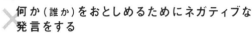

○ ネガティブな感情が浮かんでも心の中にしまっておく

× 何か(誰か)をおとしめるためにネガティブな
発言をする

79 | 自分なりのひと工夫を してみよう

　誰もがSNS上で好きなことをアウトプットできる。それ自体は素晴らしいことですが、気軽に投稿できるからこそ、アウトプットの質がおざなりになりがちです。

　たとえば、インスタグラムで、インスタ映えするスイーツの写真を投稿している人がたくさんいます。これは質が高いアウトプットかといわれると、ちょっと疑問です。

　「人気のスイーツ店に行列して、やっと撮った写真なんです」ということかもしれませんが、それを紹介したからといって、アウトプットの価値が上がるわけではありません。

　同様に東京オリンピック・パラリンピックの舞台となる新国立競技場をただ撮ってSNSにアップするだけなら、誰にでもできます。

　でも、毎日同じアングルから定点撮影して、建設工事の進捗状況を紹介し続けていたら、そこにストーリーが生まれます。あるいは、使われている特殊な重機について解説すれば、読者は付加価値を感じるはずです。

このように「ありがちなアウトプット」と「良質のアウトプット」

を分ける基準は何なのかを突き詰めていくと、同じ素材でも、そこに「自分なりのひと工夫」を加えられるかどうかにあります。

　自分なりのひと工夫が加わることで、情報に個性が刻まれます。その個性こそが、受け手の感動を引き起こすのです。

　有名人なら、その人が撮った写真というだけで「ひと工夫」につながりますが、そんな特別な立場の人と同じに考えては良質のアウトプットとはなりません。

　特にこれからの時代、自分なりのひと工夫として重要となるのは、独自の視点やアイデアにほかなりません。

　テレビであれば、あるニュースを見たとき、人と違う角度から興味深い切り口でコメントが言える人は、コメンテーターとして重宝されます。

　同じようなことがみんなに求められています。質の高いアウトプットをするためには、独自の視点やコメント力を磨いておくことが重要です。

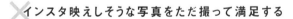

○ 自分なりのひと工夫を加えたインスタを投稿する

✕ インスタ映えしそうな写真をただ撮って満足する

80 ｜ 独自の切り口で オリジナリティを出そう

　前項と関連して「角度をつける」「エッジの効いたものにする」というのも、SNSでアウトプットをするときの1つのポイントです。

要するに、人の興味をひくような切り口を見つけるということです。

　たとえば、自分が美術館で鑑賞して気に入った絵をひたすら紹介する。それはそれでよいのですが、ちょっとありきたりな感も否めません。

　そこで、名画の"怖さ"を味わうという視点で、絵画の新しい楽しみ方を提示したのが、ドイツ文学者・中野京子さんの『怖い絵』（角川文庫）という本でした。

　中野さんが「怖い絵」というくくりで絵画を整理したことによって、私たちが一部の絵画を観るときに漠然と抱いていた感覚が、「そうそう！　絵を観て怖いって思うことってあるよね！」という共感へと変わり、大きな反響を呼んだわけです。

　もちろん、中野さんの絵画に対する造詣が深く、知識も豊富だからこそ、「怖い絵」という切り口が見つかったとはいえます。

　しかし、普通の人でも純粋な興味から、エッジの効いた切り口を見つけ出すことはできます。

　たとえば、「食に興味のある人が、映画に出てくる食事シーンだけをとりあげて紹介する」「建物に興味のある人が、ドラマのロケに出てきた建物だけを紹介する」など。実際に、こうしたテーマで発信している人もいるはずです。

　私の場合、「イヤミス」だけを書評するブログがあったら、きっと興味を持って読むと思います。

　イヤミスとは、読んだあとにイヤな気分になるミステリー小説のことであり、湊かなえさんや真梨幸子さんといった、イヤミスを代表する作家がいます。

　また先日、新聞を読んでいて、国際通貨研究所の理事長であ

る渡邊博史さんについての記事を目にしました。

渡邊さんは、旧大蔵省に入省後、海外のミステリーを読みあさった経験から海外ミステリーのガイドブック『ミステリで知る世界120ヵ国』（早川書房）を執筆。以後、20年以上にわたってミステリー小説の選者を務めているそうです。

渡邊さんによれば、ミステリーを読むと、その国の文化や社会経済、歴史環境が端的に理解できるといいます。

渡邊さん自身も国際関連の仕事に携わっており、趣味と実益が見事に両立されています。まさにビジネスパーソンが発信するときの、１つのお手本といえるでしょう。

自分に合った切り口を見つけて発信すれば、面白いと思ってもらいやすくなります。

○ 「自分の興味×〜だけ」でオリジナリティを発揮する

× 自分の興味を一方的に発信し続けるだけ

81 外出のたびに１つ 面白いものを見つけよう

SNSでよいアウトプットをするスキルは、練習次第でいくらでも向上させることができます。

練習といっても特別なことはなく、たとえば通勤や通学の途中で、何か面白い風景を見つけて発信する、というルールを自分に課すだけでも十分です。

『路上観察學入門』（ちくま文庫）という本があります。作家の赤瀬川原平さんを中心とする「路上観察学会」が、路上で見つけたユニークな建築物、看板、マンホールなどを写真に撮って紹介している本です。

　路上観察学の面白さは、景観としてこれといった価値がないとみなされるような事物にスポットライトをあて、そこに芸術的な価値を見いだしたところにあります。

　思い返すと、私が生まれ育った静岡の実家の向かいには、4階建てのビルが建っていて、そのビルの屋上には自動車が載せられていました。

　屋上が駐車場というわけではなく、どう考えても屋上から自動車で下に降りてくることはできません。誰が何のために、あえて自動車をビルの上に載せたのか、子ども心に不思議で仕方ありませんでした。

　当時は、「うちの向かいに、自動車が載っている変なビルがあるよ」と言っても、せいぜい学校の同級生に「あれって変なビルだよね」と共感してもらうくらいしかできませんでした。

　しかし、今は気になる風景を見つけたら簡単にスマホで撮影できますし、それをSNSで全世界に向けて発信もできます。

　もし今、あのビルの上に自動車が載った写真をSNSで投稿したら、きっと驚かれると思います。

　全国各地の不思議な風景、珍しい景観などを扱ったテレビ番組も放送されています。

　世の中には、まだまだたくさんの風景が発掘されるのを待っているに違いありません。

所有者の迷惑になったり、無関係の人を撮影したりというルール違反は慎むべきですが、気になった風景があればどんどん投稿してみましょう。

写真とともに、ちょっとしたコメントを添えるだけでアウトプットのいい練習となります。

○ 一風変わった風景を撮影して投稿する

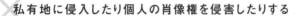
× 私有地に侵入したり個人の肖像権を侵害したりする

82 単なる"リア充自慢"にならないようにしよう

美味しい食事をした、楽しい旅行をした、高価な物を購入した。SNSの投稿で、単なる"リア充自慢"を見せられると、シラけてしまいます。

FacebookなどのSNSから若年層が遠ざかっている理由に、中年層のリア充自慢がウザったいという理由があるそうです。

アウトプットが自慢話になるのを避けるコツがあります。それは、「変化を伝える」という方法です。

変化したというのは事実であり、自慢とは異なります。

「ダメだった自分が、○○をした結果、今ではこうなりました」という変化を報告するスタイルをとれば、説得力も出ますし、嫌みも軽減されます。むしろ、「よく頑張ったね!」と認めてもらえる可能性も大です。

たとえば、「最近5kgやせました」「こんな素敵な洋服を買いました」という投稿は、単なるリア充自慢みたいで鼻につきます。

　そこで、変化を伝えることを意識します。

「ダイエットに挑戦しようと思い、最初は○○の方法を試してみたのですが、むしろ1kg増えてしまい逆効果でした。そこで、次に△△という方法を試したところ、順調に体重を減らすことができ、欲しかったデザインの洋服が着られるまでになりました」

　上手くいかなかったことについて、「これをやってみたらうまくいった」と変化を伝えれば、それは自慢ではなくて役立つ情報となります。

　具体的かつ実用的な情報は、みんなにとって参考になるので、価値が生まれます。こういう情報発信を意識すれば「私も試してみたい」「頑張ったんですね」というポジティブな評価が得られるようになります。

　自分が得意なこと、できることについては、失敗談を交えて自虐的に語る方法もあります。

SNSはリア充自慢ではなく「変化」「自虐」を加えよう

私の場合は、論理的に話したり議論をしたりすることが得意なのですが、それをそのまま語るのはただの自慢です。そこで、次のようにお話しします。

「私は議論には自信がありまして、学生時代は相手を完膚なきまでに論破することもあったのですが、そんなことをしていたら友だちが減ってしまいました。皆さん、議論に勝ってもいいことなんてないですよ」

　自虐的に話すと、笑いも起きますし、ウケやすくなります。

○ 受け手に役立つ情報を盛り込んで投稿する

✕ 飲み会やお食事会のリア充自慢の写真をそのまま投稿する

83 ｜ 惹きつけるタイトルをつけよう

　SNSで記事を書くとき、タイトルのつけ方次第で、注目度がまったく異なるといわれます。では、いったいどうやってタイトルづけのセンスを身につければよいのでしょうか?

　まずは、センスのいいタイトルをたくさんインプットしておく必要があります。「いいタイトルの本を10冊挙げてください」と問われたとき、間髪をいれず列挙できるようにしておきたいところです。

　あるコピーライターが、新人コピーライターを採用するときに、既存のコピーの中でいいと思うものを複数挙げてもらっているという話を聞きました。

これは大変賢い方法だと、私は膝を打ちました。というのも、ここでコピーが挙げられなければ、勉強不足ということになりますし、挙げたコピーを通して、コピーライターとしてのセンスや相性を測ることもできるからです。

**　センスのいいタイトルやコピーを知っておくと、そこから刺激を得て、別の言葉を組み合わせて新たなタイトルを生み出せるようになります。刺激を得て生み出したタイトルは、パクリとは異なるオリジナルのアウトプットです。**

　今、これといっていいタイトルが思い浮かばない人は、過去にさかのぼってベストセラーやテレビ番組、注目記事のタイトルをリストアップしてみましょう。

　意外に現在は放送されていないテレビ番組のタイトルが、1周まわって新鮮に感じられるようなことがあります。

　たとえば、かつてフジテレビ系で放送していた『笑っていいとも!』は素敵なタイトルだと思います。「いいとも!」というかけ声が一般的になったように、覚えやすくて響きも愉快です。

　日本テレビ『月曜から夜ふかし』も絶妙です。聞いただけで月曜深夜の番組であることが一目瞭然です。

　書籍でいうと、近藤麻理恵さん著の『人生がときめく片づけの魔法』(サンマーク出版)は画期的でした。「片づけ」と「ときめき」を結びつける斬新なネーミングです。「ときめき」の英訳 "Spark Joy" もイメージがわくネーミングです。

　やましたひでこさんが提唱した「断捨離」というのも相当なハイセンスです。一度聞いたら忘れられない響きです。仏教的なイメージも想起させ、漢字を見るだけで、不要なものを減らすというメッセージが伝わってきます。

既存の名タイトルや名コピーをちょっとアレンジするだけでも、面白いアウトプットにつながります。

　たとえば、「NO MUSIC, NO LIFE.」という有名なコピーがあります。MUSICのところを別のものに置き換えるだけで、新たなコピーのできあがりです。「NO 麻雀、NO LIFE.」でも「NO ラーメン、NO LIFE.」でも何でもOKです。

　自分1人だけで考えるだけでなく、みんなで褒め合いながらアイデアを出していくのも有効です。タイトルやネーミングは、何人かで「ああでもない、こうでもない」と転がしていくうちに、ピタッと着地することが多いのです。

　拙著『声に出して読みたい日本語』は、もともと『日本語暗唱テキスト』という仮のタイトルで執筆していました。

　出版社で何度かタイトル会議をしているうちに、編集者からふと『声に出して読みたい日本語』という案が出て、その瞬間に「これしかない!」と全員一致で決定した経緯があります。

　本当にいいタイトルは、「これしかない」と思えるような唯一無二のタイトルです。正解はたった1つであると考え、正解が出るまで粘りに粘るのが最大のコツです。

○ 本やテレビ番組の名タイトルをリストアップしてみる

✕ 闇雲になんの工夫も感じられないタイトルをつけている

8

自分をブランド化するアウトプット

「制約」があることで、物事の面白さは増しています。

サッカーがあれだけ面白いのは、手を使ってはいけないというルール上の制約があるからですし、バスケットが面白いのは、ボールを持って3歩までしか歩けないという制約があるからです。

116ページで締め切りの効果について触れたように、制約は往々にしてアウトプットの大きな原動力となり、その質を高めます。

締め切り以外の制約でいえば、「テーマを絞る」というのも有効な方法です。

たとえば、ラーメンをテーマにブログを書くとしましょう。

漠然とラーメンについてあれこれ書くのも1つのやり方ですが、とりあげる対象が広すぎて、内容が散漫になる恐れもあります。「ラーメンについて何を書いてもいい」というと、かえって何を書いていいのかわからなくなってしまうものです。

そこで、もう1つ縛りをかけて、扱う対象を絞り込みます。「湘南のラーメン」「京都のラーメン」など地域で絞るのもよいですし、「トマトラーメン」「二郎系ラーメン」など種類で絞るのもアリです。

テーマを限定すると、アウトプットしやすくなります。

「トマトラーメン」をテーマに決めれば、とりあえずトマトラーメンを提供している店を探し、食べ、紹介する、といった「やるべきこと」が明確になるからです。

テーマを限定すると、アウトプットに特徴が出るというのも見逃

せないポイントです。

　トマトラーメンだけを追究しているブログがあると聞けば、トマトラーメンには興味はなくても「そんなところにピンポイントで目をつけている人がいるんだ」という程度の感想は抱きます。

　そのうちの何人かは実際に閲覧してくれるかもしれません。

　要するに、テーマを絞ると目にとまりやすく、関心をもってもらいやすいのです。

　制約がキツすぎると、それはそれでアウトプットの妨げになりますから、ぜひ適度な制約を設けてみてください。

○ テーマを絞り、さらにもう1段テーマを絞ってみる

✕ とりあげる対象が広すぎて漫然としてしまう

85 ｜ プロでなくても「小説家」を名乗ってみよう

　アウトプットすることは、アイデンティティをつくるための行為でもあります。

　アイデンティティは、E・H・エリクソンというアメリカの精神分析学者が提唱した概念であり、「主体性」「自己同一性」「存在証明」といった言葉に訳されます。

　もっとかみ砕いて言うと、「『あなたは何者ですか?』と聞かれたときに、『私は○○です』と答えるときの、○○の部分」ということです。

「明治大学の教員です」というのも1つのアイデンティティですし、「静岡県民です」「齋藤家の一員です」「教育学者です」というのもアイデンティティです。

それらがいくつも重なることで、1人の人間のアイデンティティを形成するわけです。

もちろん、アウトプットするときの立場も1つのアイデンティティです。だからこそ、アウトプットの場を通じて、自分のアイデンティティを形成することもできるのです。

たとえば、SNSで小説を発表している人は、「私は小説家です」と名乗ってしまっていい、と私は思っています。同様に、電車についての記事を発信している人は「鉄道評論家」を名乗ってOKです。

別に、普段は会社員として働いていても、小説を書いて発表しているときは間違いなく小説家です。会社員と小説家は両立できます。

歴史をさかのぼっても、森鷗外、加賀乙彦、北杜夫、斎藤茂吉といった人たちは、医師でありながら小説家としても活動していました。お笑い芸人の又吉直樹さんが、『火花』という小説で芥川賞を受賞したのは記憶に新しいところです。

専業で小説を書いている人だけが、小説家ではないということです。

そうはいっても「本を出してもいないし売れてもいないのに、小説というのは気恥ずかしい」と考える人がいるかもしれません。

でも現実に、有名な文学賞を受賞したからといって小説家だけで食べているわけでなく、むしろ兼業作家として活動している人

のほうが多数派です。

特に詩人の場合、詩作だけで生活している人はレアケースです。「お金を稼いでいるかどうか」「それだけで生活できているかどうか」は、実は些末な尺度なのです。

現代では絵画の巨匠と目されているゴッホも、生前は1枚しか絵が売れなかったといわれています。他にも売れた作品があるとする説もありますが、いずれにしても、画家として経済的に成功していたというほどではありません。

それでも、ゴッホ自身は「自分は画家である」というアイデンティティを持ちながら絵を描き続けました。絵が売れなくても、誰からも認めてもらえなくても、画家だったのです。

重要なのは、あくまでアウトプットの場をつくることであり、アウトプットの場をつくれば、それがそのまま自分のアイデンティティになるのです。

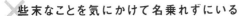

○ 自分の強みを活かして専門家を名乗ってみる

✕ 些末なことを気にかけて名乗れずにいる

　本書の最後に、あらためてアウトプットで大切な２つのポイントをおさらいしておきましょう。

　まず、アウトプットをするときに一番大事なのは、才能やセンスではなく、「自分のこと」という当事者意識です。

　人は、自分のことだと意識したときにアウトプットします。会議の議長になれば嫌でも議事を進行しなければならないですし、先生になれば嫌でも授業を始めなければなりません。

　そしてもう１つ大切なことは、「祝祭感覚」です。

　アウトプットをすると、ちょっとした達成感を得られます。もっというと、生きているという興奮がわいてきます。まさに毎回のアウトプットが祝祭であるかのようにさえ思えてきます。

　この高揚感をぜひ味わっていただきたいのです。

　「当事者意識」と「祝祭感覚」という２つの感覚を持てば、アウトプットは加速していきますし、どんな問題にも立ち向かえるようになります。

　トラブルに直面しても、逃げずに解決策をアウトプットできるようになるのです。

　私たちの社会は今、どんどん新たな課題が襲ってくるスリリングな時代に突入しています。

　判で押したようなアウトプットをしていたのでは、とうてい太刀打ちできない時代です。

　そんなスリリングな時代を苦しみながら過ごすか、楽しみながら過ごすのかは、自分次第です。

「同じ仕事を何十年も繰り返すより、もっと新しいことにチャレンジしたい」。そう思える人には、幸せな時代といえます。

　真剣にアウトプットを繰り返した日々は、後々自分の宝物になります。

　有名なアスリートが、「スポーツ選手にとって最大の財産は、お金や名声などではなく、昔の思い出を語り合うことだ」と言っていました。

　私自身、学生時代の友人たちと「あのとき、こんなことをしたね」と語り合うのが楽しいですし、なぜか大変だった経験のほうが懐かしく思い出せます。

　仕事でチームを組んだ仲間と、「あのときの仕事、面白かったね」「あれは伝説だったね」などと語り合う時間も大好きです。

おわりに

　今、目の前のアウトプットに全力を注いでいるのも、いつかそんなふうに楽しく回想できる日が来ると信じているからなのかもしれません。

　ぜひ、読者のみなさんには、後々まで思い出せるような素敵なアウトプットをたくさん積み重ねてほしいと思います。

　本書がそのきっかけの1つとなることを心から願っています。

　この本が形になるにあたっては、ダイヤモンド社の斎藤順さんとライターの渡辺稔大さんの御助力をいただきました。ありがとうございました。

　2020年5月

明治大学文学部教授　齋藤孝

[著者]

齋藤孝（さいとう・たかし）

1960年静岡県生まれ。東京大学法学部卒業。同大学大学院教育学研究科博士課程を経て、明治大学文学部教授。専門は教育学、身体論、コミュニケーション論。ベストセラー著作家、文化人として多くのメディアに登場。著書に『声に出して読みたい日本語』（草思社文庫、毎日出版文化賞特別賞）、『身体感覚を取り戻す』（NHKブックス、新潮学芸賞）、『雑談力が上がる話し方』『1冊読み切る読書術』『話すチカラ』（いずれもダイヤモンド社）など多数。

アウトプットする力
──「話す」「書く」「発信する」が劇的に成長する85の方法

2020年6月3日　第1刷発行

著　者──齋藤孝
発行所──ダイヤモンド社
　　　　　〒150-8409　東京都渋谷区神宮前6-12-17
　　　　　http://www.diamond.co.jp/
　　　　　電話／03・5778・7227（編集）　03・5778・7240（販売）

ブックデザイン ― 上坊菜々子
編集協力──渡辺稔大
イラスト──伊藤ハムスター
校正───鷗来堂
製作進行──ダイヤモンド・グラフィック社
印刷───三松堂
製本───ブックアート
編集担当──斎藤順